LIDERANÇA EXPONENCIAL

GESTÃO EDITORIAL CAVALO-MARINHO ESTÚDIO CRIATIVO
COORDENAÇÃO EDITORIAL ALGO NOVO EDITORIAL
EDIÇÃO DE TEXTO CAROLINA ROCHA
PREPARAÇÃO JULIANA CURY RODRIGUES
REVISÃO RICARDO LELIS E NATÁLIA MORI
PROJETO GRÁFICO, DIAGRAMAÇÃO E CAPA VANESSA LIMA
ILUSTRAÇÕES LUYSE COSTA

Dados Internacionais de Catalogação na Publicação (CIP)
(Câmara Brasileira do Livro, SP, Brasil)

Casarin, Tonia
Liderança exponencial: A transformação humana é o motor dos líderes do futuro / Tonia Casarin. – 1ª ed. – Rio de Janeiro: Decola, 2022.

ISBN 978-65-998722-0-4

1. Administração de empresa 2. Gestão de negócios 3. Liderança 4. Transformação pessoal I. Título.

22-127676 CDD-658.4092

Índice para catálogo sistemático:
1. Liderança: Administração 658.4092

Aline Graziele Benitez – Bibliotecária – CRB-1/3129

2022
DECOLA EDITORA
AVENIDA PRESIDENTE WILSON, 231
9° ANDAR, SALA 902
CENTRO – RIO DE JANEIRO, RJ
CEP 20030-021

Tonia Casarin

AUTORA BEST-SELLER COM MAIS DE 120 MIL EXEMPLARES VENDIDOS,
TEDx SPEAKER E PESQUISADORA

LIDERANÇA EXPONENCIAL

A transformação humana é o motor dos líderes do futuro

DECOLA
EDITORA

PARA TODOS AQUELES QUE ACREDITAM
QUE PODEMOS SER LÍDERES MELHORES.

AGRADECIMENTOS

Este livro é fruto de um grande trabalho interno e da minha busca por me tornar uma líder melhor. Ao longo dessa jornada, percebi que o desejo de ser uma agente de transformação positiva no mundo não era só meu, e resolvi compartilhar meus maiores aprendizados com tantas outras lideranças que sabem o tamanho dessa responsabilidade.

Acredito que não há um ponto de chegada único. Essa é uma trajetória eterna cujo maior presente são as companhias que encontramos em cada passo. ***Liderança exponencial*** não existiria se não fosse por tantas pessoas generosas e importantes que cruzaram o meu caminho.

Obrigada, Carlos, meu marido e melhor amigo, meu apoio em todas as horas e a pessoa que mais acredita em mim; quem me ama e me admira apesar dos defeitos. Ao lado dele, sou uma pessoa melhor.

Agradeço aos meus pais, pelo apoio e suporte sempre, em cada nova aventura que invento. Vocês confiam e acreditam em mim mesmo nas horas em que eu mesma titubeio. Obrigada por serem meus primeiros leitores. Não existe apoio melhor do que esse!

Agradeço também aos amigos que contribuíram com essa jornada de me tornar uma líder melhor. Vocês ampliaram meus horizontes, ajudaram-me a ter uma nova perspectiva de tudo o que podemos ser e causar no mundo.

Aos mentores e líderes que me apoiam e me fazem crescer todos os dias: obrigada!

E por fim, agradeço a todo o time que fez este livro chegar em suas mãos. E a você, leitor, por permitir que esta obra continue reverberando nas organizações.

"Tonia Casarin oferece um roteiro inspirador para o novo papel daqueles que lideram nas organizações, incentivando-os a reimaginar o trabalho a fim de colocar o ser humano no centro. Seus 10 C's definem a *próxima* mentalidade e o conjunto de habilidades necessárias para qualquer um liderar em tempos de mudança exponencial." — **Gary A. Bolles**, autor de *The Next Rules of Work* e professor responsável sobre futuro do trabalho na Singularity University

"À medida que nosso mundo passa por mudanças dramáticas, é mais importante do que nunca que as pessoas se posicionem e liderem com uma abordagem centrada no ser humano. Quando as empresas realmente se preocupam com seus clientes, funcionários e comunidade, elas criam produtos e serviços melhores – e todos ganham." — **Darlene Damm**, VP de comunidade e impacto no grupo Singularity

"Não consigo pensar em um melhor momento para redefinir o conceito de liderança, ou em um melhor livro para guiar qualquer pessoa nesse processo. Tonia Casarin escreveu uma obra provocadora, com ações práticas para cada pessoa reimaginar a própria liderança, seu relacionamento com o time e sua capacidade de impacto na organização e no mundo." — **Laura Fragomeni**, global chief compliance officer no Google

"A obra de Tonia Casarin coloca novas lentes sobre o tema liderança; uma provocação necessária para atualizar e reanimar os líderes. Sua narrativa nos convence a assumir o lugar de capitães de nós mesmos, aqueles que desbravam novos oceanos e decodificam novos caminhos." — **Yvonne Cagle**, médica Ph.D., pesquisadora e astronauta da NASA

"Este livro é um convite para fazer um redesign na sua forma de liderar. Assim como o *human-centered design*, Tonia descreve brilhantemente a *human-centered leadership*, uma tendência da liderança do Vale do Silício." — **Ellen Kiss**, diretora do Centro de Excelência em Design no Nubank

"Este livro é intelectualmente rico e questionador. Ele pode transformar a forma como você lidera." — **Sofia Esteves**, fundadora e presidente do conselho da Cia de Talentos

"*Liderança exponencial* aborda o impacto da liderança no indivíduo, no coletivo e na sociedade, com foco no ser humano. Uma obra que nos ajuda a lidar com os desafios dos negócios em um mundo em constante transformação." — **Maite Leite**, corporate bank chief operating officer do Banco Santander

“Um guia prático para navegar pela liderança do futuro, que começa agora, com foco nas pessoas, sem deixar ninguém para trás. Como Tonia diz, a liderança do futuro é humana.” — **Edu Lyra**, CEO da Gerando Falcões

“Este livro é um respiro no meio do caos e de tantas mudanças exponenciais para nos reconectarmos com o lado humano do mundo dos negócios.” — **Ana Fontes**, fundadora e CEO da Rede Mulher Empreendedora

“Desde que conheci a Tonia no Vale do Silício, percebi que ela sempre esteve conectada com as tendências do mundo. Seu olhar humanista diante de tanta tecnologia nos relembra do efeito cascata da liderança. Em meio a tanta incerteza, seu livro chegou na hora certa!” — **Mauricio Benvenutti**, sócio da StartSe e autor do best-seller *Incansáveis*

“Tonia utiliza evidências acadêmicas e práticas para nos ajudar a usar as ferramentas de que precisamos para sermos melhores líderes no mundo de hoje. A visão da autora sobre inteligência emocional dá o tom de como empresas, governos, ONGs e até mesmo indivíduos podem estar mais bem equipados para liderar pelo exemplo.” — **Teresa Borges**, senior program manager da Columbia Global Center

“Se você não tem certeza de como deve ser uma liderança forte, o livro de Tonia é o seu companheiro perfeito. Repleto de conselhos práticos e exemplos inspiradores, ele o guiará em tempos incertos e fará de você um líder melhor, agora e no futuro.” — **Annabelle Williams**, atleta medalha de ouro nas Paralimpíadas de natação em 2012

“Neste livro, Tonia faz uma revisão de comportamento extremamente importante para a nossa evolução como sociedade. O que ocorre nas organizações hoje é reflexo de uma cultura adoecida e que exige muito protagonismo e coragem das pessoas para fazer a evolução necessária.” — **Mariana Holanda**, ex-diretora de saúde mental na Ambev

“Tonia traz reflexões profundas sobre a nova forma de liderar, começando pela própria percepção de liderança. Uma leitura obrigatória para os tempos atuais.” — **Tiago Mattos**, CEO da Aerolito e futurista

“Tonia é uma grande pensadora para os novos tempos. Este novo livro traz inspirações e ensinamentos valiosos para que os líderes aprendam a gerenciar tanta incerteza e para que sejam capazes de proporcionar um ambiente inclusivo e acolhedor nas organizações.” — **Daniel Bogo**, gerente nacional da GOintegro

“Uma obra assertiva sobre as competências humanas da liderança do futuro.” — **Andrea Iorio**, autor do best-seller *6 competências para surfar na transformação digital*

“O olhar de Tonia para a inteligência emocional, os sentimentos e as conexões interpessoais traz uma perspectiva moderna e essencial para a gestão de equipes e organizações. O desenvolvimento de lideranças mais humanas e transformadoras é fundamental para a construção de empresas de sucesso e de uma sociedade melhor.” — **Mariane Wiederkehr**, CEO na GuardeAqui

“Desde que entrevistei a Tonia para o podcast *Extraordinários*, percebi que ela estava à frente do seu tempo. Conectado com as grandes tendências de desenvolvimento de liderança, este livro é um mapa para líderes que querem se desafiar a encontrar seu verdadeiro papel.” — **Rapha Avellar**, fundador e CEO da Adventures

“O livro de Tonia é leitura obrigatória para quem busca entender a liderança do futuro. A autora traça um mapa de prioridades, no qual valores humanos são um meio para líderes revisarem suas decisões e relações. É um guia para gerar mais impacto na vida das pessoas, com propósito e visão de longo prazo.” — **Bruna Silva Santos**, diretora de inovação da Enap

“O livro mostra como a liderança exponencial nos permite colocar em prática uma transformação real na forma como lideramos e mudamos o mundo.” — **Esther Wojcicki**, autora dos livros *Moonshots na educação* e *How to Raise Successful People*

SUMÁRIO

PREFÁCIO

Quero dar as boas-vindas à sua próxima grande oportunidade

Começo este texto expressando minha tripla felicidade: 1. Em ser convidada para abrir uma obra que, a meu ver, veio para transformar atuais e futuros líderes; 2. Por ter acompanhado a jornada da Tonia e vê-la realizar o sonho de publicar este livro. Em 2021 publiquei a obra *Meu caminho até a cadeira número 1* (Globo Livros), no qual compartilho minha trajetória profissional, e entendo como é grandioso o sentimento de ver as próprias palavras no papel; 3. E, por último, mas nem de longe menos importante, por você, leitor ou leitora, estar aqui. A verdadeira transformação da liderança acontece de dentro para fora, do topo para a base. Então saber que você busca essa evolução no modo de gerir o seu time e de desempenhar sua missão no mundo dos negócios já é uma prova de que estamos no caminho certo.

Tonia e eu nos conhecemos em um evento que ocorreu em Atlanta, nos Estados Unidos. Após as nossas palestras, conversamos e, em poucos minutos, já sabíamos que ali cresceria uma parceria pessoal e profissional verdadeira. Nossos pensamentos se encontraram em um tom quase rebelde e inconformista por transformação e inclusão. Nós duas somos movidas pelas nossas causas – um dos assuntos que será tratado ao longos das próximas páginas. Temos objetivos, paixões e metas, e são eles que nos levam mais adiante, sempre em busca de um futuro melhor do que o presente. Pelas palavras da própria autora, "A causa está ligada aos seus valores e suas crenças. Você só consegue acreditar e abraçar de verdade uma causa se ela se encaixa naquilo que você acredita."

E eu acredito na força da coletividade e na importância da inclusão como pilares para construirmos o futuro. Vivemos em um país extremamente desigual e preconceituoso, problemas estruturais que também se fazem presentes no ambiente corporativo. Por isso, quando falamos sobre liderança exponencial e negócios do amanhã, é nosso dever como líderes e agentes de transformação colocar inclusão e diversidade no centro de nossos planos e estratégias. A empresa é um reflexo da sociedade e temos de agir de maneira consciente e intencional para fazer de nossas causas propulsores de ação.

Minha missão de vida atualmente é levar a diversidade para o mundo corporativo e além dele. Além disso, ao longo dos últimos anos, tenho me dedicado cada vez mais às práticas empresariais de ESG – assunto que também será abordado ao longo do livro –, principalmente as que abrangem o S, de social, porque sei que é ali que mora a transformação que tanto desejo ver no futuro.

Durante a minha carreira trabalhando com grandes marcas, como Lacoste, Pandora e Tiffany & Co, dentre tantos aprendizados, tem um que levo comigo para onde eu for: a importância de um bom líder desenvolver pessoas. Já sabemos que o método do comando e controle não funciona mais nas organizações que desejam prosperar, mas ainda é preciso que as empresas entendam que uma liderança verdadeiramente exponencial não está preocupada só com si mesma, mas com o nós e com o mundo, como bem nos apresenta o trabalho de Tonia.

A proposta deste livro é essencial para o presente e para o futuro da sociedade. Chega de olhar para trás, chega de seguir em um modelo ultrapassado que não funciona. Vamos trilhar novos caminhos; vamos, juntos, nos tornar líderes que farão a diferença no mundo.

A autora desta obra utilizou um termo previamente existente e foi além. Para mim, hoje, liderança exponencial é aquela que se baseia nos dez Cs apresentados nos próximos capítulos. Liderança exponencial é aquela preocupada em causar impacto positivo em todos ao seu redor. Liderança exponencial é aquela focada em deixar um legado real e transformador para as pessoas.

Esse caminho não é rápido, lamento informar. Mas é extremamente gratificante e garante uma perpetuação eterna. Como Tonia diz, uma pequena gota pode causar um tsunami. Então sejamos nós essa gota! Sejamos nós os líderes do futuro que vão causar ondas e mais ondas de transformação, de crescimento, de evolução.

E, apesar de não ser rápido, sua trajetória rumo à liderança exponencial terá um propósito muito mais claro após a leitura deste livro. Confie em mim: você está na direção certa.

Sou uma pessoa que sabe enxergar oportunidades. E defendo que, ao encontrá-las, precisamos fazer com que elas virem benefícios. Devemos aproveitar todas as chances para crescer e nos aprimorar, aprender e ensinar, mudar e progredir, desenvolver nós mesmos e o outro.

Você tem uma grande oportunidade agora: então, aproveite. Mergulhe de cabeça na construção do líder exponencial que deseja ser.

Espero encontrá-lo surfando nas ondas de impacto positivo.

Boa leitura,

RACHEL MAIA,
executiva, empresária, palestrante, escritora, consultora e conselheira

9:03

INTRODUÇÃO

O FATOR INCONTESTÁVEL PARA QUALQUER GRANDE MUDANÇA

“QUANDO JÁ NÃO SOMOS CAPAZES DE MUDAR UMA SITUAÇÃO [...], SOMOS DESAFIADOS A MUDAR A NÓS MESMOS.”

VIKTOR E. FRANKL EM *EM BUSCA DE SENTIDO*

A sobrecarga mental e emocional se tornou assunto cotidiano. Todos os dias, invariavelmente, alguma conversa traz isso à tona. Seja num desabafo escancarado ou em meio às sutilezas que aquela risada sem graça – que todo mundo conhece – deixa escapar quando alguém pergunta “como está indo o trabalho?”, e você só consegue pensar que, definitivamente, não está bem, mas não sabe o que fazer para mudar tal situação.

Durante um tempo era assim que me sentia na minha carreira, enquanto trabalhava como gestora de canais remotos de venda e retenção em uma grande empresa de telecomunicação. No começo, eu até enxergava um significado por trás do que fazia. Afinal, o celular era uma ferramenta importante para empoderar o indivíduo. Por meio dele, familiares que moravam longe poderiam se comunicar mais facilmente. Já um pequeno empreendedor usava o celular para atender mais prontamente seus clientes e, assim, faturar mais.

Aos poucos, essa história começou a mudar e aquele trabalho que tinha um significado para mim deixou de existir. A empresa começou a vender um segundo celular para as pessoas e eu não conseguia entender no que esse outro aparelho contribuiria para os clientes. O que eu via era uma tecnologia que poderia conectar e facilitar as atividades profissionais, mas fazendo o contrário. Pessoas trabalhando mais – pois a telefonia móvel permitia que os colaboradores pudessem ser encontrados a qualquer momento do dia e até da noite – e se distanciando umas das outras progressivamente. Aliás, a função “telefone” aos poucos foi até caindo em desuso. A comunicação passou a ser feita por mensagem de texto ou, mais tarde, por áudio.

Esse trabalho, que me remunerava o bastante, não me preenchia. E por mais que eu alcançasse as metas estabelecidas e estivesse em contato com pessoas que eu admirava – algo de que sempre gostei –, comecei a não ver mais sentido naquilo que desempenhava. Sentia que não estava dedicando meu tempo ao que realmente era importante para mim: fazer parte de um movimento de mudança, causar impacto na vida das pessoas.

Enquanto me questionava sobre o que fazer e como fazer para encontrar o caminho que faria sentido para as minhas convicções, eu acompanhava as mudanças pelas quais o mundo passava (e ainda passa): em volume de estímulos, informações e demandas com o avanço exponencial das tecnologias. Assim como eu, você percebe isso a todo momento. Somos constantemente cobrados para fazer mais em menos tempo; produzir, vender, criar e gerar resultado o tempo todo.

O termo "exponencial" qualifica o ritmo e a expectativa que têm sido impostos em vários ambientes; mas é no local de trabalho que a pressão pelo exponencial e escalável se intensifica. O avanço das tecnologias e a busca frenética das empresas pela transformação digital fazem com que as pessoas dediquem energia para além do saudável em busca de respostas que as farão ser bem-sucedidas. O que eu percebo, no entanto, é que todo esse esforço ignora a melhor tecnologia que temos à disposição: a humana. A dimensão de nossa capacidade que é a chave para desbloquear todo o potencial criativo e inovador pelo qual os negócios estão sedentos.

Com esse pensamento constante e a minha vontade de fazer parte de um movimento regido por uma missão, decidi que não dava mais para continuar vendendo celulares. Eu precisava de algo novo. Pedi demissão e fui trabalhar no setor público. Aquele, sim, era o lugar em que eu poderia impactar as pessoas com um propósito maior. No início, fiquei fascinada em perceber como a estrutura pública é complexa e como ela pode ajudar o cidadão. Era disso que eu precisava.

Mas esse meu encantamento não durou muito. Dois anos depois, veio um ciclo eleitoral e percebi que o meu trabalho não era em prol dos cidadãos que mais precisavam, mas sim para eleger ou reeleger pessoas. A cada ciclo eleitoral, o foco mudava para a reeleição, e os cidadãos ficavam de lado.

Definitivamente, não era esse impacto que eu queria causar no mundo. Resolvi que, para alcançar o meu objetivo, seria preciso me preparar, estudar muito, estar no centro das mudanças para conhecer esse mundo em transformação. Larguei tudo mais uma vez e fui para os Estados Unidos para fazer um mestrado e aprofundar meu entendimento sobre liderança e comportamento humano.

Há dez anos trabalho com inteligência emocional, desenvolvimento de liderança e mudança de comportamento humano; acompanho líderes dos mais distintos mercados travando verdadeiras batalhas internas por se verem presos a um dilema que, em minha visão, já poderíamos ter superado: a busca incessante por resultados a qualquer custo. O fruto desse pensamento são relacionamentos cada vez mais mecanizados, dado que a liderança se sente pressionada o tempo todo por processos, números e metas inalcançáveis. Isso traz um impacto enorme para a saúde mental de líderes, que se sentem sozinhos diante de toda essa responsabilidade, e um grande prejuízo para toda a equipe também.

E não adianta dizer que são coisas do trabalho, que precisamos saber separar a vida profissional da pessoal. Essa mecanização é tão cruel que acabamos esquecendo que somos seres integrais. A linha imaginária que traçamos na mente para separar o "ser profissional" do "pessoal" nunca existiu. Eles caminham juntos e afetam a vida como um todo. Portanto, o que acontece dentro da empresa tem relação direta com o pós-horário do expediente, e vice-versa. Acreditar que dá para separar totalmente esses mundos é se iludir.

Voltemos então ao pensamento persistente de quem se vê angustiado profissionalmente: o que fazer para mudar a realidade e não sucumbir à pressão por resultados a qualquer custo?

Como Frankl disse, em muitos momentos não é a situação que seremos capazes de mudar e, sim, a nós mesmos. Quando mudamos, o ambiente se adapta. E a minha busca por mostrar os benefícios de se trabalhar as competências que somente nós, humanos, temos – e as máquinas nunca serão capazes de imitar – me fez perceber que a transformação necessária não é algo que se impõe institucionalmente, após uma reunião de planejamento estratégico. Para mim, ela só acontece se houver, antes de qualquer etapa, mudança interna na liderança da organização, disposta a desenvolver a própria tecnologia humana.

Líderes precisam se abrir para um processo de autoconhecimento e de consciência do impacto de suas atitudes não só na própria vida, mas também na daqueles com os quais se relacionam. A partir desse ponto, devem transformar esse conhecimento em pilar fundamental para a tomada de decisões. Quando isso acontece, profissionais e negócios podem não só alcançar resultados mais relevantes, mas também decidir como querem alcançá-los, criando uma jornada que será positiva para todos e para o mundo.

Para entender melhor essa relação, quero que você imagine uma gota d'água caindo no meio do oceano. Assim que essa gota mergulha na superfície infinita da água, você pode ver as primeiras pequenas ondas se formarem. São inúmeros círculos, cada vez maiores, que se movimentam a partir dessa primeira gota, em um efeito cascata.

Agora, convido você a pensar nessas primeiras ondas como se formassem o círculo do EU. Suas ações e decisões afetam sua vida, assim como a gota modifica o oceano. Quando você observa a segunda camada de pequenas ondas, pode ver que suas ações também afetam outras pessoas e têm impacto nos seus relacionamentos, alimentando o efeito cascata. Você percebe então que não é sobre eles, é sobre NÓS. À medida que observa as ondulações mais distantes de onde a gota caiu, perceberá que as pequenas ondulações ficam mais largas. A gota d'água é pequena, mas o efeito cascata pode ser tão grande e de longo alcance que é difícil calcular o seu impacto total. Essa pequena gota reverbera até onde não conseguimos visualizar, impactando também o MUNDO.

Perceba como, mesmo na imensidão do oceano, um pequeno acontecimento pode causar impacto em tantas camadas diferentes, num efeito dominó difícil de acompanhar e controlar. Assim são nossas ações perante nós mesmos, perante os outros e perante o mundo, no ambiente pessoal e também no corporativo.

Depois de muito investigar sobre a função da liderança nos negócios e no mundo, gosto de enxergar o papel dos líderes como essa gota d'água no meio do oceano. Se um líder é grosseiro com um funcionário, por exemplo, na próxima interação desse colaborador com o filho ele poderá estar estressado, impaciente, e acabar descontando na criança. A atitude da liderança pode influenciar um colaborador ou um cliente e sua relação com a marca e com o consumidor. Esse efeito pode ser positivo ou negativo, essa é a escolha diária da liderança.

Talvez imaginar todo o impacto que a liderança é capaz de causar gere em você uma sensação ainda maior de peso sobre seus ombros. No entanto, quero fazer um convite para que enxergue esse movimento não como algo penoso. Ao contrário, quero que reconheça o poder que você pode exercer dentro da sua zona de domínio. É como disse o Tio Ben, na cena que marcou todos nós enquanto assistíamos ao Homem-Aranha: **"com grandes poderes, vêm grandes responsabilidades!"**. É uma tremenda responsabilidade, sim, mas também um enorme privilégio.

Eu acredito que, se você está com este livro em mãos, é porque se importa o suficiente e quer fazer algo para construir um mundo diferente. Acredito também que está disposto a rever seus comportamentos e transformar seu mindset para ser um agente de impacto positivo por onde quer que passe. Sabemos que o desafio é grande, e que o que funcionou no passado, até mesmo para as pessoas que são nossas referências, não funcionará no futuro. Contudo, como disse a cientista Jane Goodall, "Você não pode passar um único dia sem causar um impacto no mundo ao seu redor. O que você faz, faz diferença, e você tem que decidir que tipo de diferença quer fazer".[1]

Neste mundo em que tudo é exponencial e as mudanças acontecem tão rapidamente, precisamos de um novo modelo de liderança. Sai de cena a liderança pautada no comando e controle para alcançar resultados e entra em cena a que foca **como** atingir esses resultados, colocando as pessoas no centro.

Grandes líderes mudam o mundo; ou melhor, grandes líderes constroem o mundo; lutam contra injustiças sociais, ajudam a projetar produtos e serviços que usamos em nossa vida pessoal e profissional; criam empresas que oferecem empregos para que as pessoas que ali trabalham possam sustentar suas famílias; apoiam instituições de caridade e organizações sem fins lucrativos; e moldam a cultura, as atitudes e os comportamentos de seus colaboradores, o que significa que influenciam a nossa construção também como seres humanos. Acima de tudo, grandes líderes comungam da visão de que a liderança do futuro é humana.

Isso significa olhar para o círculo do eu, do nós e do mundo. Olhar para dentro de si e também enxergar as pessoas à sua volta. Significa se movimentar de maneira intencional, a fim de influenciar positivamente todas as relações: compreender as necessidades da sua equipe nas dimensões pessoal e profissional, estimular o crescimento e o desenvolvimento de novos profissionais, eliminar processos discriminatórios, melhorar políticas de remuneração e flexibilização, agir ativamente para que o ambiente de trabalho seja cada vez mais diverso e representativo, celebrar momentos de nova parentalidade com a chegada de um bebê na vida de seus colaboradores e garantir-lhes a segurança de que o afastamento para cuidar da família não limitará o crescimento na organização.

E se ainda não se sente apto a pensar em mudanças estruturais na empresa na qual atua, pense nas comportamentais: o diálogo que pode promover com quem trabalha ao seu lado, a disponibilidade para

1 JANE Goodall Quotes. **Goodreads**. Disponível em: https://www.goodreads.com/author/quotes/18163.Jane_Goodall. Acesso em: 12 jun. 2022. Tradução livre.

orientar quem está chegando, o estímulo aos questionamentos e, acima de tudo, o estabelecimento de vínculos genuínos, reconhecendo quem constrói o negócio com você.

Existem muitas maneiras de ser um agente de transformação como liderança. Ao longo das próximas páginas, você descobrirá ações que trarão mais sentido para a sua realidade. No entanto, antes de seguirmos, eu quero tranquilizar você. O mergulho que faremos para nos reconectar à essência humana derrubará inúmeros medos e receios que tendem a nos paralisar diante dos desafios e nos fazem duvidar de nossa capacidade como líderes. E escrevi este livro para mostrar que essa jornada não precisa ser solitária.

Decidir sair do setor público foi um salto de fé, de confiar que o meu propósito me faria chegar aonde deveria.

Como eu disse, fui para os Estados Unidos estudar e, em 2017, venci o Global Impact Challenge, um concurso promovido pela Singularity University, apresentando uma metodologia para qualificar professores a ensinarem habilidades socioemocionais nas escolas. Como prêmio, passei três meses morando na sede da NASA, no Vale do Silício, com outras 89 pessoas de nacionalidades diferentes. E não estou contando isso para você pensar *uau!*, mas porque a verdade é que, quando fui selecionada, eu fiquei apavorada! A Singularity University é famosa por ser o berço de quem pensa o futuro do mundo com base nas transformações digitais e na evolução das tecnologias exponenciais.

Eu não sabia se daria conta de uma experiência como aquela nem se eu me sentiria realmente parte daquele lugar. Parecia muito distante do meu mundo. Eu trabalhei como coach e fiz mestrado em Desenvolvimento de Liderança na Universidade Columbia, em Nova York. Ou seja, avanços tecnológicos, inteligência artificial, *machine learning*, blockchain, impressão 3D, CRISPR, realidade aumentada, metaverso, NFT, internet das coisas, entre outros temas tão complexos quanto estes não eram exatamente assuntos que eu me sentia confortável em discutir.

Até que um dia me caiu a ficha de que, por trás de toda tecnologia, tem um ser humano. Portanto, quanto mais a tecnologia se desenvolve, mais humanos precisamos ser.

Esse período foi fundamental para fortalecer meu propósito e entender como eu contribuiria para transformar o mundo. Vi que eu deveria focar as lideranças, pois elas seriam as minhas maiores aliadas ao perpetuar bons exemplos, impactando o mundo ao redor. **Humanizar para transformar** passou a ser o meu lema.

Outro fator que também contribuiu para entender esse meu propósito foi o livro *Tenho monstros na barriga*, que escrevi em 2016. A minha ideia era apresentar conceitos de inteligência emocional para crianças – pois tinha percebido que não adiantava falar só com os adultos. Com uma linguagem fácil de ser entendida, eu percebi que a obra ajudava crianças a expressarem emoções que, até então, elas não conseguiam comunicar. Isso facilitava até mesmo a relação entre os adultos e os pequenos. E então eu me dei conta de que, se um livro tinha esse poder de impacto, eu também poderia ter.

Nesse processo de refletir sobre o meu impacto e a responsabilidade embutida nele, eu percebi que as lideranças não têm consciência do quanto elas podem influenciar a vida das pessoas e da responsabilidade de suas ações. E foi por isso que eu resolvi escrever este novo livro.

O termo *liderança exponencial* foi cunhado em 2017 por Lisa Kay Solomon, a responsável pelo tema Práticas Transformacionais e Liderança na Singularity University. Naquele momento, ela disse que mudanças exponenciais demandavam o surgimento de líderes exponenciais que, em sua visão, deveriam desenvolver quatro pilares para apoiar a construção de um futuro abundante.

Segundo Lisa, as lideranças exponenciais devem ser futuristas (capazes de transformar as surpresas em antecipações conscientes); inovadoras (valorizar a ideação e a experimentação rigorosa); tecnológicas (entender como as tecnologias impactarão o mercado e dominar os requisitos para trabalhar com elas); e humanitárias (comprometidas em gerar impacto positivo para toda a sociedade).[2]

2 SOLOMON, Lisa Kay. How The Most Successful Leaders Will Thrive in an Exponential World. **Singularity Hub**. Disponível em: https://singularityhub.com/2017/01/11/how-the-most-successful-leaders-will-thrive-in-an-exponential-world/. Acesso em: 22 set. 2022.

Durante minha busca para ser uma líder melhor e, assim, apoiar outras lideranças, percebi que todas as tendências tinham em seu centro competências baseadas no ser humano, na sua maneira de ser e se colocar no mundo. Essas competências são os dez Cs que apresentarei nos próximos capítulos. Eu acredito que quanto mais os praticarmos, mais nossa atuação como líderes será exponencial. E o que isso quer dizer? Bom, veja o gráfico abaixo que sintetiza os conceitos de crescimento linear e crescimento exponencial:

LINEAR × EXPONENCIAL

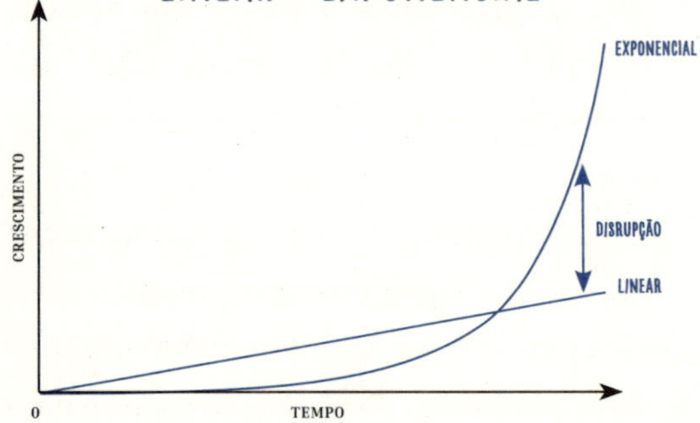

Se alisarmos a linha de crescimento linear, vemos que ela evolui em um ritmo constante. A linha exponencial, por sua vez, demora um pouco mais para apresentar resultados, mas quando acontece a disrupção, ou seja, uma mudança profunda, ela ultrapassa o crescimento linear drasticamente. Assim é também a jornada dos líderes exponenciais.

Há um grande trabalho pessoal a ser realizado. Talvez, no início, os resultados não sejam tão aparentes de imediato. Contudo, acredite: quando a virada acontecer, você chegará a lugares e resultados antes inimagináveis.

Eu me proponho a ajudar você a desenvolver a sua liderança como a gota d'água no oceano. Você verá que também pode gerar um impacto maior do que é capaz de enxergar agora. Apesar de parecer pequena, a gota é capaz de criar grandes repercussões, provocando ondulações em praias distantes, até onde o olho humano não é capaz de alcançar. E assim é a força que as suas ações podem ter.

É HORA DE MERGULHAR!

Neste mundo
em que tudo
é exponencial
e as mudanças
acontecem
tão rapidamente,
precisamos de
um novo modelo
de liderança.

@TONIACASARIN

CAPÍTULO 1

O FUTURO É MAIS RÁPIDO DO QUE VOCÊ IMAGINA

"NOSSA INTUIÇÃO SOBRE O FUTURO É LINEAR. MAS A REALIDADE DA TECNOLOGIA DA INFORMAÇÃO É EXPONENCIAL E ISSO FAZ UMA GRANDE DIFERENÇA."

RAY KURZWEIL

O que presenciamos no último século – mais precisamente, nos últimos cinquenta anos – foi assustador. Antes costumávamos passar por curtos momentos de mudanças em períodos longos de estabilidade. Agora, vivemos o inverso: passamos por constantes mudanças interrompidas por breves momentos de estabilidade.

Se analisarmos as grandes descobertas que trouxeram impactos significativos para a humanidade, constatamos que passamos mais de 250 mil anos com um desenvolvimento linear. Como você pode observar na figura a seguir, entre a primeira revolução agrícola, quando o homem migrou do sistema de caça para a agricultura no período neolítico,[3] cerca de 9.000 a.C. até perto do ano 1.000 d.C., apesar de acontecerem eventos muito importantes, poucas pessoas eram impactadas ao mesmo tempo.

3 REVOLUÇÃO agrícola. **InfoEscola**. Disponível em: https://www.infoescola.com/historia/revolucao-agricola/. Acesso em: 18 jan. 2022.

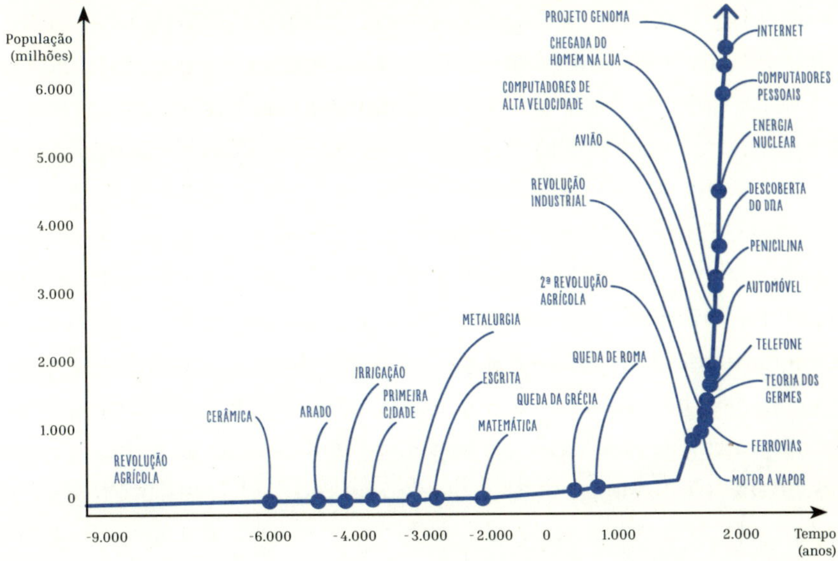

Traduzido livremente a partir do gráfico elaborado pelo Bank of America. BANK OF AMERICA. *In*: JACKSON, G. Six macro charts that long-term investors need to bookmark. **TrustNet**, 4 jul. 2016. Disponível em: https://www.trustnet.com/news/682424/six-macro-charts-that-long-term-investors-need-to-bookmark. Acesso em: 30 mar. 2022.

No passado, as mudanças não aconteciam simultaneamente e, muitas vezes, o tempo para que um evento em determinado local chegasse a outro ponto do globo era extremamente longo. Porém, nos últimos cem anos, o ritmo acelerou de maneira absurda. Vieram penicilina, revolução industrial, avião, computador, desenvolvimento dos meios de comunicação, celular, internet, energia nuclear, descoberta do DNA, sequenciamento do genoma, o homem na Lua. Nessas descobertas recentes, milhões de pessoas foram impactadas ao mesmo tempo.

Agora, as mudanças têm impacto global em um ritmo exponencial. Isso significa que todos sentem os efeitos dessa evolução desenfreada. Não importa se você está em São Cristóvão e Neves, o menor país das Américas, ou se está no Brasil, na China ou nos Estados Unidos: todos são impactados de um jeito ou de outro.

Isso me leva imediatamente à percepção de Gordon E. Moore, cofundador da Fairchild Semiconductor e ex-CEO e cofundador da Intel, que dizia, lá nos anos 1960, que a capacidade de processamento de um chip dobraria a cada dois anos.[4] A visão dele causou tanto impacto que ficou conhecida como a Lei de Moore. Essa previsão foi usada na indústria para orientar o planejamento de longo prazo e definir metas para pesquisa e desenvolvimento, funcionando como uma profecia autorrealizável.

Assim, a tese de Moore determinou o ritmo da revolução tecnológica moderna, e vários avanços que você vê hoje, como a redução do preço dos microprocessadores ajustados à qualidade, o aumento da capacidade de memória RAM dos computadores, o aprimoramento dos sensores eletrônicos e até mesmo o número e tamanho dos pixels em câmeras digitais, estão fortemente ligados a ela. Só para você ter uma ideia do que Moore dizia, o desempenho atual de um processador da Intel é 3.500 vezes maior do que o do primeiro microprocessador da empresa, lançado em 1965; mas o preço por transistor, componente elétrico necessário para que os microprocessadores funcionem, é 60 mil vezes menor.[5] E é essa velocidade do avanço tecnológico que você sente.

Toda essa avalanche de mudanças traz consequências para o dia a dia, para as capacidades que nós precisamos ter para lidar com este mundo que se desenha e se redesenha a todo momento. De acordo com o Fórum Econômico Mundial, 65% das crianças em escola primária hoje vão trabalhar em empregos que ainda nem existem.[6] E, mais do que isso, talvez o que entendemos hoje como emprego e como se desenvolve a relação com o empregador tenham seu significado alterado. Talvez nem exista mais empregos da forma que conhecemos hoje.

---

4 MOORE, G. E. Cramming More Components Onto Integrated Circuits. **Intel**, 19 abr. 1985. Disponível em: https://newsroom.intel.com/wp-content/uploads/sites/11/2018/05/moores-law-electronics.pdf. Acesso em: 22 set. 2022.

5 MAIS de 50 anos da Lei de Moore. **Intel**. Disponível em: https://www.intel.com.br/content/www/br/pt/silicon-innovations/moores-law-technology.html. Acesso em: 5 dez. 2021.

6 MOLIN, G. Futuro do trabalho: seu filho vai trabalhar em algo que ainda não existe. **Gazeta do Povo**, 25 mar. 2017. Disponível em: https://www.gazetadopovo.com.br/economia/futuro-do-trabalho-seu-filho-vai-trabalhar-em-algo-que-ainda-nao-existe-dah6xcsvmzreekyezd4pwk2ec/. Acesso em: 5 dez. 2021.

NÃO SOMOS MÁQUINAS

"QUE ESTRANHO QUE A NATUREZA DA VIDA SEJA A MUDANÇA, ENQUANTO A NATUREZA DOS SERES HUMANOS É RESISTIR À MUDANÇA."

ELIZABETH LESSER

Embora estejamos acompanhando todas essas mudanças do mundo e vendo o que poderá acontecer nos próximos anos, de uma coisa temos certeza: nós continuaremos a ser humanos e com um comandante muito complexo, o cérebro. Se, por um lado, esse órgão vital é nosso parceiro para aprender algo novo e enriquecer nosso repertório, por outro, ele se protege quando sente que as mudanças o colocam em situação de fragilidade, medo, perda de controle ou incerteza. Eu arrisco a dizer, inclusive, que odiamos mudanças. Porque elas nos tiram da zona de conforto, nos causam ansiedade, medo e insegurança. Diante do novo, o cérebro precisa colocar mais energia para realizar determinadas funções que antes ele não precisava fazer. É como se a mente repetisse para você: "eu não quero me acostumar a nada novo; eu não sou obrigado a nada", e então você sofre as consequências dessa ação.

No entanto, vivemos em um mundo de incertezas e imprevisibilidade e precisamos treinar o nosso cérebro para lidar com esse cenário. A história recente escancara isso. A pandemia provocada pelo covid-19, deflagrada em 2020, nos obrigou a criar novos hábitos a fim de protegermos a nós mesmos e aos outros, e foi preciso nos adaptar rapidamente. Ficamos entre educar os filhos que estavam estudando em casa, fazer as tarefas domésticas e trabalhar de casa, se nossa ocupação permitia essa flexibilidade. Tudo ao mesmo tempo, de um dia para o outro. Tivemos ainda que entender os riscos de contaminação, convivendo com medo de pegar o vírus que levou a óbito milhões de pessoas no mundo.

Além do medo, do luto e das inúmeras dificuldades que enfrentávamos em relação ao sistema de saúde e ao acesso a atendimento, surgiu também a incerteza profissional, com muitas pessoas sendo demitidas, pequenos negócios fechando, e a constante pressão por cortes de custos e por aumento de eficiência nas grandes empresas. Tudo isso aumentou ainda mais a carga emocional sobre as pessoas.

De acordo com um relatório da McKinsey de fevereiro de 2021, de 20 a 25% dos profissionais poderiam trabalhar de casa, sem perder produtividade, entre três e cinco dias por semana. Isso representa quatro a cinco vezes mais trabalho remoto do que antes da pandemia, e pode levar a uma grande mudança na geografia do trabalho à medida que indivíduos e empresas saírem de grandes cidades e começarem a explorar outras regiões em busca de custos mais baixos e mais qualidade de vida, nos subúrbios e em pequenas cidades. Algumas empresas estão se adaptando a espaços de trabalho flexíveis após experiências positivas com trabalho remoto durante a pandemia, uma mudança que reduzirá o espaço físico de que precisam, já que menos pessoas irão para os escritórios diariamente.[7]

O trabalho remoto, porém, traz um novo desafio para as lideranças que precisam definir políticas para sua organização e também para a área de recursos humanos, geralmente responsável pela cultura da empresa. Traz necessidade de adaptação principalmente para os novos talentos que começaram a trabalhar na empresa já em sistema remoto e acreditam que esse modelo é um dos benefícios no emprego conquistado. Ou, ainda, para quem vê o home office como alternativa para se distanciar de ambientes tóxicos, como apontado em pesquisas que populações com menor representatividade preferem trabalhar de casa para evitar microagressões.[8]

Não basta, porém, pensar apenas em como organizar uma equipe que está em casa, pois há outras políticas que podem ser adotadas, como o trabalho híbrido. Nesse esquema, uma parte da equipe está na empresa, enquanto a outra permanece em casa. Como engajar todos

---

7 O FUTURO do trabalho pós-covid 19. **McKinsey&Company**, 22 fev. 2021. Disponível em: https://www.mckinsey.com/featured-insights/future-of-work/the-future-of-work-after-covid-19/pt-BR. Acesso em: 13 jan. 2022.

8 BOYLE, M. Remote Work Has Vastly Improved the Black Worker Experience. **Bloomberg**, 5 out. 2021. Disponível em: https://www.bloomberg.com/news/articles/2021-10-05/return-to-office-black-workers-are-happier-more-valued-working-from-home. Acesso em: 26 jun. 2022.

ao mesmo tempo durante uma reunião e permitir que os participantes interajam com a mesma intensidade e possam ser ouvidos? Como garantir a equidade entre os que vão presencialmente à empresa e aqueles que optam por trabalhar de casa?

Uma das empresas que se destacou na elaboração do modelo de trabalho híbrido foi a Nubank. Com o slogan *Nu way of working*, o banco estabeleceu com os colaboradores uma dinâmica organizada por ciclos de dois meses, sendo sete semanas de trabalho remoto e uma de trabalho presencial. Na semana presencial, o objetivo é fortalecer as relações e os rituais de cultura da companhia.[9] Esse modelo do Nubank parece endereçar algumas das questões que levantamos no parágrafo anterior.

Analisar profundamente o impacto em todas as esferas da mudança de modelo de trabalho é importante para não cair na romantização de que simplesmente estabelecer trabalho híbrido e/ou remoto seja uma decisão positiva para todos.

Além da preferência pessoal e da redução do tempo de deslocamento, um ponto que vem sendo estudado é a experiência familiar. Pesquisas sugerem que o trabalho flexível pode, na verdade, aumentar o conflito trabalho versus família, porque é provável que leve a uma expansão do expediente. Para se ter uma ideia, o número de divórcios aumentou 26,9% de janeiro a maio de 2021, comparado aos mesmos meses do ano anterior.[10]

Além disso, há o aumento da carga de trabalho e as horas dedicadas à empresa. Os dados comprovam: os dias de trabalho estão 34% maiores, as interrupções no trabalho aumentaram em 33%, e os e-mails fora do horário do expediente cresceram em 23%, segundo

9 NU Way of Working: como é o novo modelo de trabalho híbrido do Nubank. **Nubank**, 20 jun. 2022. Disponível em: https://blog.nubank.com.br/nu-way-of-working/. Acesso em: 1º ago. 2022.

10 LAUDARES, R. Divórcios extrajudiciais sobem 26,9% de janeiro a maio de 2021 e disparam na pandemia. **G1**, 11 jun. 2021. Disponível em: https://g1.globo.com/sp/sao-paulo/noticia/2021/06/11/divorcios-extrajudiciais-sobem-269percent-entre-janeiro-a-maio-de-2021-e-disparam-na-pandemia-sp-lidera-ranking-nacional.ghtml. Acesso em: 15 jul. 2021.

dados da Deloitte e Worklytics.[11] Embora muitos setores tenham ganhado flexibilidade, ainda precisamos traçar limites e estabelecer políticas adequadas para o modelo totalmente remoto ou híbrido.[12]

Ainda sobre o aumento da jornada de trabalho, há que se considerar o impacto dessa nova realidade nas mulheres. Uma descoberta recorrente é que as mulheres têm maior probabilidade de realizar mais responsabilidades domésticas quando possuem flexibilidade no emprego, enquanto os homens têm maior probabilidade de priorizar e expandir suas esferas de trabalho. Por exemplo, um estudo[13] descobriu que homens profissionais com ou sem filhos e mulheres profissionais sem filhos parecem aumentar suas horas extras não remuneradas, especialmente quando têm mais controle sobre os próprios horários – mas isso não acontece com as mulheres profissionais com filhos. Com rotinas mais intensas, mulheres com filhos não podem ficar além do horário sem que isso impacte em outras responsabilidades – ainda mais numa sociedade em que o cuidado dos filhos ainda é majoritariamente feito pelas mulheres. Historicamente, as práticas das empresas que aumentam a flexibilidade com o objetivo de facilitar um melhor equilíbrio entre trabalho e vida pessoal não resultam necessariamente no avanço das mulheres para níveis seniores. O benefício tem sido simplesmente uma melhor retenção de mulheres em níveis gerenciais mais baixos.

Será que veremos uma distorção de gênero, com homens desproporcionalmente no escritório ou na rua, contribuindo de forma muito visível para os negócios, enquanto as mulheres estão trabalhando de casa e sendo esquecidas? Isso aumenta o desafio das empresas na hora de avaliar o desempenho, recompensando as pessoas pelo

---

11 MEASURE How Your Organization is Adapting to WFH. **Worklytics**, 1º abr. 2020. Disponível em: https://www.worklytics.co/measure-how-your-organization-is-adapting-to-wfh/. Acesso em: 1º mar. 2022.

12 SALLES, C. Síndrome de Burnout: 12 estágios (ou sintomas) do esgotamento profissional. **Viva Bem UOL**, 27 jun. 2018. Disponível em: https://www.uol.com.br/vivabem/noticias/redacao/2018/06/27/sindrome-de-burnout-12-estagios-ou-sintomas-do-esgotamento-profissional.htm. Acesso em: 9 dez. 2021.

13 CHUNG, H.; LIPPE, T. Flexible Working, Work-Life Balance, and Gender Equality: Introduction. **National Library of Medicine**, 26 nov. 2018. Disponível em: https://www.ncbi.nlm.nih.gov/pmc/articles/PMC7505827/. Acesso em: 22 set. 2022.

que elas contribuem de fato, e não simplesmente por serem vistas. Alguns especialistas apontam que um mundo de trabalho quase sempre remoto pode aumentar o preconceito das organizações, que tendem a recompensar aqueles que estão presentes, prejudicando desproporcionalmente quem trabalha de casa.[14]

Eu trouxe essas reflexões porque, como o foco do meu trabalho é a gestão de pessoas e o perfil dos novos líderes em contextos de mudança, pude acompanhar de perto toda essa transformação. Embora esses pontos não sejam novidade – ao contrário, eram questões que vinham sendo trabalhadas a passos lentos, mas que foram aceleradas pela pandemia –, os líderes ainda estão decifrando o novo formato das organizações.

E o resultado não está sendo tão bom assim. Embora a necessidade de mudar seja óbvia, realizá-la exige uma mudança cultural, e isso é algo realmente desafiador. Então, muitas organizações ficam paradas lidando com o conflito gerado por duas forças antagonistas: o desejo de inovar e o medo de perder tudo o que foi construído até o presente momento. Assim, as empresas querem colocar em prática modelos modernos de gestão, ao mesmo tempo em que ainda buscam a mesma lógica de resultados imediatos, com controle rígido do time e pouca autonomia.

Somado a isso, o profissional ainda precisa lidar com o medo de que o negócio deixe de existir graças à acelerada concorrência e às crises econômicas, adicionando mais elementos que comprometem seu senso de estabilidade profissional.

E devo dizer: não é somente o assustador vírus que é contagioso. As emoções também são contagiosas. Portanto, o medo, a ansiedade, o luto, a preocupação, a tristeza, a frustração e o estresse se transformam também em risco de contágio emocional. Embora os sentimentos sejam mais contagiosos pessoalmente, eles ainda podem ser transmitidos on-line – e por e-mail, telefone ou qualquer outro modo remoto que usemos.

14 GREENFIELD, R. Home office sem desigualdade: como garantir diversidade no trabalho em casa. **Exame**, 27 fev. 2021. Disponível em: https://exame.com/carreira/home-office-sem-desigualdade-como-garantir-diversidade-no-trabalho-em-casa/. Acesso em: 13 jan. 2022.

Antigamente, o mercado era dominado por poucos gigantes corporativos que se mantinham em atividade por muitos anos, mas isso já não acontece atualmente. O mercado está agitado e a expectativa de vida média de uma empresa listada no índice Standard & Poor's 500, o famoso S&P que acompanha as quinhentas maiores empresas listadas nas principais bolsas de valores dos Estados Unidos, diminuiu em mais de cinquenta anos no último século. Além disso, 88% das empresas que apareciam na lista da Fortune 500 de 1955 não estão mais lá.[15] O que aconteceu com as empresas anos depois? Elas faliram, se fundiram, foram compradas ou ainda existem, mas caíram do topo da lista Fortune 500, classificadas pela receita total. Na taxa de rotatividade atual, cerca de metade das empresas da S&P 500 hoje serão substituídas nos próximos dez anos, e vamos entrar em um período de alta volatilidade para organizações líderes em uma variedade de setores, com os próximos dez anos sendo os mais potencialmente turbulentos da história moderna, de acordo com a empresa de consultoria de estratégia e inovação Innosight.[16]

Vou dar um exemplo: certamente você conhece ou já ouviu falar da Tesla. A marca estadunidense de veículos inteligentes foi criada há menos de vinte anos e transformou o setor com tanta força que, ao fim de 2021, mesmo com a crise provocada pelo covid-19, já valia 46 bilhões de dólares, sendo a terceira mais valiosa do mundo. Antes dela estão Toyota e Mercedes-Benz. Para trás, ficaram marcas como Volkswagen, BMW e Porsche, companhias tradicionais e há mais de oitenta anos no mercado.[17] Não é difícil imaginar que em poucos anos – ou em um ano, quem sabe? – ela assuma a primeira posição. E não

15 FORTUNE 500. **CNN Money**. Disponível em: https://money.cnn.com/magazines/fortune/fortune500_archive/full/1955/1.html. Acesso em: 13 jul. 2021.

16 ANTHONY, S.; VIGUERIE, S. P.; SCHWARTZ, E.; LANDEGHEM, J. 2018 Corporate Longevity Forecast: Creative Destruction is Accelerating. **Innosight**, fev. 2018. Disponível em: https://www.innosight.com/wp-content/uploads/2017/11/Innosight-Corporate-Longevity-2018.pdf. Acesso em: 26 ago. 2022.

17 PERONI, J. Toyota e Mercedes são as marcas de carros mais valiosas; Tesla vem atrás. **Jornal do Carro Estadão**, 30 jan. 2022. Disponível em: https://jornaldocarro.estadao.com.br/carros/toyota-e-mercedes-sao-as-marcas-de-carro-mais-valiosas-tesla-vem-atras/. Acesso em: 30 jan. 2022.

dá para pensar no carro Tesla apenas como um veículo que "dirige sozinho". Ele é mais que isso. Ele consegue captar, por exemplo, o padrão de direção do motorista. Isso abre possibilidades de surgimento de novos negócios, como uma companhia de seguros que pode usar esses dados para oferecer planos personalizados para cada cliente (um exemplo que me ocorreu enquanto eu refletia). Ou seja, existe uma infinidade de novos negócios que podem aparecer a partir do carro que a Tesla criou. Consegue perceber como a chegada de um novo concorrente em uma indústria já bastante consolidada mexe com o mercado inteiro?

Como consumidores, somos beneficiados por esse dinamismo da economia que resulta em uma movimentação constante das empresas, que estão lutando para nos atrair. Porém, como líderes, esse dinamismo todo alerta para a longevidade das empresas em que trabalhamos hoje. Seguindo com o caso da Tesla, não é difícil imaginar que um empreendedor ou uma liderança, diante do sucesso da montadora, pense: *Tem uma empresa nova transformando todo o mercado e se tornando mais valiosa do que muitas empresas que estão fazendo carros há décadas. O que será da minha organização?* Claro que isso dá medo, porque ele sabe que se o seu negócio ainda não passou por essa transformação, talvez precise passar em breve. E o que pode acontecer? Certamente, ele não tem a resposta.

Mas, calma, respire fundo. Se você se enxerga nessa situação, lembre-se de que não está sozinho. Esse sentimento de afogamento por estar submerso em tantas questões é comum na liderança. Se até o Jorge Paulo Lemann, um dos maiores empresários brasileiros, reconhecido no mundo todo, disse em uma entrevista que viveu por muitos anos em um "mundo aconchegante", no qual bastava administrar com eficiência, mas hoje se sente um "dinossauro apavorado",[18] imagine como o resto de nós se sente.

---

18 LEMANN diz que é um "dinossauro apavorado", mas que luta para se reinventar. **Época Negócios**, 2 maio 2018. Disponível em: https://epocanegocios.globo.com/Carreira/noticia/2018/05/lemann-diz-que-e-um-dinossauro-apavorado-mas-que-luta-para-se-reinventar.html. Acesso em: 8 dez. 2021.

Se as decisões estão efêmeras – o que a liderança decide hoje pode mudar amanhã – já não basta ser ágil para lidar com todas essas mudanças. Antes de falarmos em modelos de gestão e novos métodos operacionais, precisamos entender que o nosso papel como líderes causa impacto ao nosso redor e devemos liderar por quem somos.

Enquanto escrevo este livro, há um movimento chamado A Grande Renúncia (*The Great Resignation*, em inglês) acontecendo, por meio do qual as pessoas estão redefinindo o que é sucesso. O termo foi criado em 2019 por Anthony Klotz, da Texas A&M, e previa um êxodo voluntário em massa da força de trabalho. O que de fato aconteceu em 2021, quando 47 milhões de estadunidenses deixaram seus empregos voluntariamente,[19] e essa tendência continuou até, pelo menos, abril de 2022.[20] Um artigo publicado no MIT Sloan apontou alguns motivos dessas demissões. O principal deles foi a cultura organizacional tóxica, que inclui comportamentos antiéticos, funcionários se sentindo desrespeitados e a falta de um programa que promova diversidade, equidade e inclusão. A pesquisa também mostrou que a insegurança no trabalho, o excesso de inovação, a falta de reconhecimento e a baixa qualidade no enfrentamento do covid-19 foram outros fatores que motivaram a saída dos empregados.[21]

ESCREVI UM ARTIGO NO LINKEDIN SOBRE A GRANDE RENÚNCIA. PARA ACESSÁ-LO, É SÓ APONTAR A SUA CÂMERA PARA O QR CODE AO LADO OU ACESSAR O MEU PERFIL EM: WWW.LINKEDIN.COM/IN/TONIACASARIN.

19 IACURCI, G. The Great Resignation is still red hot – but may not last. **CNBC**, 3 maio 2022. Disponível em: https://www.cnbc.com/2022/05/03/the-great-resignation-is-still-red-hot-but-may-not-last.html. Acesso em: 20 jun. 2022.

20 KAPLAN, J.; HOFF, M. Americans are still saying 'I quit' in near-record numbers, showing that the Forever Resignation is sticking around. **Business Insider**, 1º jun. 2022. Disponível em: https://www.businessinsider.com/americans-quit-at-near-record-rate-great-resignation-forever-resignation-2022-6. Acesso em: 27 jun. 2022.

21 SULL, D.; SULL, C.; ZWEIG, B. Toxic Culture Is Driving the Great Resignation. **MIT Sloan**, 11 jan. 2022. Disponível em: https://sloanreview.mit.edu/article/toxic-culture-is-driving-the-great-resignation/. Acesso em: 20 jun. 2022.

AMBIENTES PROFISSIONAIS TÓXICOS NÃO SÃO MAIS ACEITOS

Ainda refletindo sobre como novas gerações têm provocado alterações profundas nas empresas, quero citar um caso muito emblemático que ocorreu em 2021, quando os resultados de uma pesquisa interna respondida por treze analistas recém-contratados pelo Goldman Sachs, um dos maiores bancos de investimentos do mundo, sediado nos EUA, vazou e chegou ao Twitter, expondo o lado tóxico da cultura da empresa.[22] Os jovens, que responderam à pesquisa anonimamente, afirmavam temer por sua saúde mental e descreveram suas semanas de trabalho como “desumanas”.

Por meio dos resultados, foi possível conhecer uma cultura corporativa perversa que pressionava a equipe ao limite: eles trabalhavam em média 95 horas por semana (o que dá dezenove horas por dia); iam dormir, em média, por volta das 3 da manhã e descansavam apenas cinco horas por noite. Obviamente, os analistas apontaram que se as condições de trabalho não mudassem em seis meses, era improvável que permanecessem na empresa. Eles reportaram prazos irrealistas e uma grande maioria relata que nem sequer tinha a oportunidade de apresentar dados e outras informações que trabalharam arduamente para preparar. Muitos reportaram que foram culpados por erros sem nenhuma justificativa e/ou viveram situações em que seus superiores gritavam com eles. Ainda relataram os impactos negativos em suas relações pessoais com familiares e amigos.

O mais chocante, porém, são os comentários. Os depoimentos expõem como trabalhar para o banco afetou severamente a saúde física e mental dos empregados. “Chegou um ponto em que eu não comia, tomava banho ou fazia qualquer outra coisa que não fosse trabalhar de manhã até depois da meia-noite”, escreveu um analista.

22 ANALISTAS financeiros da Goldman Sachs pedem semana de trabalho de 80 horas em documento formal. G1, 19 mar. 2021. Disponível em: https://g1.globo.com/economia/concursos-e-emprego/noticia/2021/03/19/analistas-financeiros-da-goldman-sachs-pedem-semana-de-trabalho-de-80-horas.ghtml. Acesso em: 19 jan. 2022.

Outro descreveu sua experiência como "além do nível de 'trabalho árduo', isso é desumano, abusivo". Alguns estavam tão estressados com o trabalho que não conseguiam mais desligar. "Não consigo mais dormir porque meus níveis de ansiedade estão nas alturas", escreveu um terceiro entrevistado. A maioria ainda admite considerar ajuda profissional para lidar com o estresse.

Candidatos a empregos em bancos de investimento de Wall Street ou no mercado financeiro em geral são frequentemente alertados de que a cultura de trabalho está longe de ser das 9 da manhã às 5 da tarde, mas muitos acreditam que a promessa de salários extremamente altos faz com que o sacrifício valha a pena no longo prazo.[23] Porém, a realidade reportada no relatório vazado, ainda que seja de treze funcionários, traz à tona consequências sociais, emocionais e físicas que comumente são ignoradas em ambientes de alta pressão.

Em outros setores, como o de tecnologia, o excesso de trabalho é comemorado, embora as pesquisas mostrem claramente que trabalhar mais de 55 horas por semana não contribui positivamente para o desempenho no trabalho.[24]

Em 2020, Jennifer Moss, em parceria com a Harvard Business Review e outros pesquisadores, realizou um estudo com mais de 1.500 entrevistados de 46 países, de diferentes setores, funções e tempo de cargo. Os resultados foram incorporados no livro *The Burnout Epidemic* [A epidemia do Burnout],[25] que analisou o estado de esgotamento e bem-estar durante a pandemia e concluiu que o burnout é um problema global. Alguns resultados dessa pesquisa são alarmantes:

23 SÁNCHEZ, A. Viver para trabalhar: a espiral exaustiva de consultoras, grandes escritórios e bancos de investimento. **El País**, 4 abr. 2021. Disponível em: https://brasil.elpais.com/economia/2021-04-04/viver-para-trabalhar-a-espiral-exaustiva-de-consultoras-grandes-escritorios-e-bancos-de-investimento.html. Acesso em: 18 jan. 2022.

24 TRABALHAR mais de 55 horas por semana aumenta risco de morte, diz OMS. **Exame**, 17 maio 2021. Disponível em: https://exame.com/carreira/trabalhar-mais-de-55-horas-por-semana-aumenta-risco-de-morte-diz-oms/. Acesso em: 19 jan. 2022.

25 MOSS, J. **The Burnout Epidemic:** The Rise of Chronic Stress and How We Can Fix It. Boston: Harvard Business Review Press, 2021.

- 89% DOS ENTREVISTADOS DISSERAM QUE A VIDA PROFISSIONAL ESTAVA PIORANDO;
- 85% DISSERAM QUE O PRÓPRIO BEM-ESTAR DIMINUIU;
- 62% DAS PESSOAS QUE LUTAVAM PARA ADMINISTRAR SUAS CARGAS DE TRABALHO HAVIAM EXPERIMENTADO BURNOUT "FREQUENTEMENTE" OU "EXTREMAMENTE FREQUENTEMENTE" NOS TRÊS MESES ANTERIORES;
- 25% SE SENTIAM INCAPAZES DE MANTER UMA CONEXÃO FORTE COM A FAMÍLIA, 39% COM COLEGAS E 50% COM AMIGOS;
- APENAS 21% CLASSIFICARAM SEU BEM-ESTAR COMO "BOM" E APENAS 2% CLASSIFICARAM COMO "EXCELENTE".

Essas questões são tão sérias que o burnout foi oficialmente reconhecido como doença pela Organização Mundial da Saúde (OMS). Com isso, a responsabilidade por gerenciá-lo passou do indivíduo para a organização. O comportamento de um chefe tóxico se espalha como fogo dentro das empresas. Isso significa que, se você tiver líderes ruins, a menos que faça uma mudança drástica, os comportamentos e as ações desses profissionais tóxicos se tornarão a norma, como um vírus que se espalha. Um estudo descobriu que chefes ruins podem ser responsáveis até pelo surgimento de doenças cardíacas nos funcionários.[26]

Os líderes podem elevar ou quebrar uma organização, assim como podem desenvolver ou quebrar as pessoas que trabalham nela. É hora de começar a fazer as perguntas difíceis: Qual tipo de líder você quer ser? Quais tipos de líderes sua organização deseja ter? Como você os cria e capacita?

É preciso revisar as relações de trabalho. Ou olhamos para as pessoas como seres integrais agora ou estaremos fadados ao esgotamento físico e mental para sempre. Como líderes, podemos influenciar positivamente essa mudança.

26 CASTRILLON, C. Why Your Bad Boss Could Literally Be Killing You. **Forbes**, 21 jul. 2019. Disponível em: https://www.forbes.com/sites/carolinecastrillon/2019/07/21/why-your-bad-boss-could-literally-be-killing-you/?sh=520696b6f240. Acesso em: 5 jul. 2022.

Antes, ser bem-sucedido era ocupar um cargo alto em uma empresa grande, ter status por representar esse cargo, trabalhar muito e acumular bens. Mas a pandemia obrigou as pessoas a olharem para dentro de si e a enxergarem valores que estavam perdidos, como a importância de se priorizar, de conviver mais com a família, de encontrar propósito no que fazem e de reavaliar os trabalhos que estavam fazendo, a cultura em que estavam inseridas e a forma como as relações de trabalho se estabeleciam. Elas viram que o sucesso não precisa estar alinhado com a identidade profissional. O que a pessoa é torna-se mais importante do que o que ela faz ou tem.

As empresas e, consequentemente, os líderes precisam se adequar para enxergar os colaboradores além do papel profissional, como um ser integral que precisa ser ouvido, que precisa estar bem consigo. O bem-estar é positivo para todo mundo. Entenda: não existe transformação digital sem a transformação humana. E para ela acontecer, o cuidado é essencial.

Eu sei que o que eu falei até aqui pode causar medo. As mudanças vão acontecer e você não pode impedi-las. Se não há como parar o tempo, o que podemos fazer é nos preparar para o que está por vir. A liderança não pode se dar ao luxo de ser passiva e assumir que sua posição, sua empresa e seu setor estão imunes a mudanças, pois não estão. Agora é a hora de agir, agora é a hora de mudar, agora é a hora de decidir e se comprometer a ser o líder que todos nós merecemos e precisamos no futuro que se aproxima.

Os líderes podem
elevar ou quebrar
uma organização,
assim como podem
desenvolver ou
quebrar as pessoas
que trabalham nela.
É hora de começar
a fazer as perguntas
difíceis: Qual tipo de
líder você quer ser?

@TONIACASARIN

A
B

CAPÍTULO 2

NOVOS TEMPOS, NOVOS DILEMAS

> "NO PASSADO, OS EMPREGOS DEPENDIAM DOS MÚSCULOS. AGORA, DEPENDEM DA MENTE E, NO FUTURO, DEPENDERÃO DO CORAÇÃO."
> MINOUCHE SHAFIK, DIRETORA DA LONDON SCHOOL OF ECONOMICS, EM TRADUÇÃO LIVRE

Você já deve ter escutado que vivemos em um mundo VUCA. Se não escutou ainda, acho que vale a pena conhecer e entender o que isso significa. Esse acrônimo é a abreviação do inglês para as palavras volatilidade (*volatility*), incerteza (*uncertainty*), complexidade (*complexity*) e ambiguidade (*ambiguity*), e é utilizado para explicar as mudanças rápidas e complexas que acontecem no mercado. Ou, como eu prefiro dizer, VUCA é a abreviação para dizer que o mundo está um caos. Os desafios e as oportunidades que antes levavam dias ou semanas para emergir totalmente agora aparecem de uma hora para outra sem nenhum aviso prévio.

Esse estado de instabilidade dinâmica provocado por mudanças tão rápidas é característica desse ambiente volátil, no qual os problemas e desafios surgem e requerem atenção imediata. A volatilidade faz líderes se sentirem oprimidos, sozinhos e totalmente despreparados para liderar com eficácia.

Se não bastasse existir o VUCA, outro acrônimo vem se popularizando: o BANI, de frágil (*brittle*), ansioso (*anxious*), não-linear (*nonlinear*) e incompreensível (*incomprehensible*). O conceito foi criado por Jamais Cascio, do Institute for the Future, em Palo Alto, nos Estados Unidos, para substituir o VUCA. Na visão de Cascio, o BANI surge quando o VUCA se quebra. Para ele, quando sistemas complexos não coevoluem, eles reagem entre si de maneiras potencialmente explosivas, sendo incapazes de funcionar sob estresse. Daí obtém-se o mundo BANI.[27]

---

27 TOZZI, E. Criador do termo BANI explica como sobreviver na era do caos. **Você RH**, 26 jul. 2021. Disponível em: https://vocerh.abril.com.br/futurodotrabalho/criador-do-termo-bani-explica-como-sobreviver-na-era-do-caos/. Acesso em: 17 fev. 2022.

Seja VUCA ou BANI, o fato é que o ritmo frenético de nosso ambiente nos impede de ter clareza das ameaças e dos desafios, e isso dificulta a priorização das decisões. É difícil enxergar o que está por vir quando a natureza humana está programada para ver cada desafio como algo semelhante ao que já vivenciamos antes. São as experiências passadas que criam nossos modelos mentais. O nosso mindset – a forma de enxergarmos o mundo – pode nos ajudar a tomar decisões rápidas quando temos pouco tempo. Porém, confiar demais no seu modelo mental pode levar à suposição errônea de que é apropriado utilizar a solução de ontem para um desafio, aparentemente semelhante, que surgiu hoje. E, embora tenhamos consciência de que precisamos mudar de perspectiva para enxergar além das ameaças e das oportunidades, poucas lideranças estão preparadas para agir.

Um estudo realizado pela IBM com mais de 1.500 profissionais de todo o mundo apontou que os CEOs são cientes de que operam em um mundo volátil, incerto e complexo, e 79% deles esperam encontrar algum tipo de complexidade no mercado que operam, mas menos da metade se sente preparada para lidar com esse fator.[28] A maneira como ensinamos e falamos sobre liderança é extremamente antiquada e, em grande parte, é o que os líderes ainda praticam, pois é com isso que estão familiarizados. Precisamos questionar esse paradigma para criarmos a liderança do futuro. E isso exige mudar o mindset e transformar comportamentos. Não existe mais uma maneira linear de resolver os problemas no mundo corporativo. A complexidade das questões exige decisões que devem fugir do convencional.

As disrupções que estamos vivendo são tão intensas e provocam tantas mudanças que entramos em uma nova era, chamada pelos especialistas de 4ª Revolução Industrial – uma convergência entre os mundos físico, digital e biológico. Um dos defensores dessa tese é ninguém menos que Klaus Schwab, fundador do Fórum Econômico

28 CAPITALIZING on Complexity: Insights from the Global Chief Executive Officer Study. **IBM**, 2010. Disponível em: https://www.ibm.com/downloads/cas/DLBV97RW. Acesso em: 17 fev. 2022.

Mundial, que escreveu o livro *A quarta revolução industrial*.[29] Para ele, essas mudanças impactam como somos e como nos relacionamos e, consequentemente, afetam o mercado e o futuro do trabalho.[30]

Porém, não é de hoje que se fala sobre isso. O importante economista Joseph Schumpeter já havia visualizado, ainda em 1942, essa movimentação quando criou o conceito de agitação e destruição criativa, como o "processo de mutação industrial que revoluciona incessantemente a estrutura econômica de dentro, destruindo incessantemente a antiga, criando incessantemente uma nova". E ainda acrescentou: "O impulso fundamental que define e mantém o motor capitalista em movimento vem dos novos bens de consumo, os novos métodos de produção ou transporte, os novos mercados, as novas formas de organização industrial que a empresa cria".[31] Schumpeter acreditava que as entradas inovadoras no mercado sustentam o crescimento econômico ao romper monopólios.

Esse movimento nos impulsiona a criar produtos e soluções que parecem saídos de filmes e livros de ficção científica, como os carros da Tesla. Ao mesmo tempo, esses impulsionadores de transformação nos obrigam a encarar novos problemas, como os advindos das tecnologias exponenciais, os dilemas éticos que as envolvem e também as novas relações de trabalho e com o trabalho. A melhor maneira de as lideranças entenderem tudo isso e se prepararem para esse futuro é se cercando de informações e entendendo esses "fenômenos" que mexem tanto com a nossa vida. Por isso, quero compartilhar com você mais informações sobre cada um desses fatores que fazem o mundo mudar rapidamente e nos deixam perdidos.

---

29 SCHWAB, K. A **Quarta Revolução Industrial**. São Paulo: Edipro, 2018.

30 PERASSO, V. O que é a 4ª revolução industrial - e como ela deve afetar nossas vidas. **BBC News Brasil**, 22 out. 2016. Disponível em: https://www.bbc.com/portuguese/geral-37658309. Acesso em: 12 dez. 2021.

31 HENTON, D.; HELD, K. The dynamics of Silicon Valley: Creative destruction and the evolution of the innovation habitat. **Social Science Information**, 2 dez. 2013. Disponível em: https://journals.sagepub.com/doi/abs/10.1177/0539018413497542. Acesso em: 23 dez. 2021.

TECNOLOGIAS EXPONENCIAIS E DILEMAS ÉTICOS

Entenda-se por tecnologias exponenciais aquelas com desenvolvimento muito acelerado e com potencial de influenciar bilhões de vidas.[32] Além disso, outra característica é que elas são acessíveis: diminuem barreiras de entrada de novos concorrentes no mercado e podem ser incorporadas para a resolução dos problemas de negócios atuais de maneiras que não eram possíveis no passado.

Vamos pensar na indústria da mídia. Na década de 1980, existia uma limitação de canais abertos na televisão. O consumidor precisava estar sentado em frente à TV na hora que seu programa favorito fosse transmitido para conseguir assisti-lo. Do contrário, ele perdia a programação. Com a chegada ao Brasil dos primeiros videocassetes, o espectador pôde começar a gravar seus programas favoritos e assisti-los posteriormente, sem a obrigação de estar na frente da televisão na hora definida pela emissora. Os aparelhos de videocassetes abriram espaço para um novo negócio, as locadoras de vídeo. Um grande nome do mercado foi a Blockbuster, que nasceu em 1985 e chegou a ter 8 mil lojas espalhadas por 26 países, tornando-se líder mundial em aluguel de filmes. No Brasil, a rede desembarcou em 1995 e chegou a ter 127 lojas.[33]

Depois, as fitas VHS foram substituídas pelos DVDs. Mais ou menos na mesma época, começaram a surgir as TVs por assinatura, em um modelo de negócio de mensalidade que fornecia mais opções aos consumidores. Com centenas de canais, programação variada e segmentada por gênero, ofereciam variedade e comodidade para a audiência. O modelo evoluiu com as plataformas de streaming de vídeo, tendo a Netflix como grande empresa disruptiva desse mercado. A empresa, criada em 1997 como locadora de vídeos com entrega pelos Correios, criou um novo modelo

32 XAVIER, T. Entenda o que são Tecnologias Exponenciais e como aplicá-las na sua empresa. **Rock Content**, 4 abr. 2019. Disponível em: https://rockcontent.com/br/blog/tecnologias-exponenciais/. Acesso em: 10 jan. 2022.

33 LOJAS Americanas compra rede de franquias Blockbuster no Brasil. **Folha de S.Paulo**, 24 jan. 2007. Disponível em: https://www1.folha.uol.com.br/folha/dinheiro/ult91u113959.shtml. Acesso em: 12 dez. 2021.

de negócios – serviço de vídeos sob demanda pela internet – em 2007, segmentando conteúdo conforme o comportamento do consumidor, por meio de inteligência artificial.[34] Em 2021, a empresa já tinha 213,5 milhões de assinantes,[35] abrindo um novo mercado que já conta com concorrentes de peso, como a Disney+, Hulu e os canais de TV que estão criando as próprias plataformas de streaming, tal qual a GloboPlay.

Não se trata apenas de um crescimento acelerado de negócio, mas uma nova forma de *fazer* negócio, com soluções capazes de impactar populações inteiras, com produtos ou serviços mais eficazes que as alternativas vigentes e a custos de acesso reduzidos. Esse serviço alterou o comportamento de consumo de vídeo, a ponto de o CEO da Netflix, Reed Hastings, declarar que o sono dos consumidores é considerado um dos seus grandes concorrentes.[36]

Uma tecnologia exponencial muito comentada é a inteligência artificial. A capacidade de disrupção de modelos de negócios, o aumento da produtividade e a concepção de novos produtos ainda não é totalmente entendida por nós, tamanho o impacto que essa tecnologia pode ter no mundo corporativo.

Nós já sentimos, há alguns anos, o quanto a automação dos postos de trabalho afeta a empregabilidade. Porém, a inteligência artificial potencializa essa questão. Com tarefas antes feitas por humanos sendo automatizadas, as pessoas poderiam ocupar papéis mais complexos, passando do trabalho físico que dominou o mundo pré-industrial para o trabalho cognitivo, que caracteriza funções estratégicas e administrativas, em nossa sociedade globalizada. Porém, a maioria das pessoas ainda não possui habilidades técnicas para assumir cargos que exigem novos domínios, colocando o foco na necessidade

---

34 NETFLIX. **Canal Tech**. Disponível em: https://canaltech.com.br/empresa/netflix/. Acesso em: 12 dez. 2021.

35 PALLOTTA, F. "Round 6" ajuda Netflix a conquistar mais 4,4 milhões de assinantes no 3º tri; ações sobem. **CNN Brasil**, 20 out. 2021. Disponível em: https://www.cnnbrasil.com.br/business/round-6-ajuda-netflix-a-melhorar-resultados-no-3o-trimestre-e-acoes-sobem/. Acesso em: 12 dez. 2021.

36 MAIOR concorrente da Netflix é o sono, diz CEO. **Olhar Digital**, 18 abr. 2017. Disponível em: https://olhardigital.com.br/2017/04/18/noticias/maior-concorrente-da-netflix-e-o-sono-diz-ceo/. Acesso em: 12 dez. 2021.

de desenvolver os profissionais para que possam assumir essas posições e para que esse avanço não se transforme num agravante dos índices de desemprego nas economias. É, sem dúvida, um grande desafio para a área de desenvolvimento de pessoas dentro das organizações, além da necessidade de fomentar políticas públicas de educação e empregabilidade.

Se de um lado temos preocupações em relação à empregabilidade e à capacidade de distinguir quando estamos falando com uma pessoa ou com uma máquina, do outro temos os limites éticos do uso de toda essa tecnologia.

As máquinas afetam até o nosso comportamento. Eu mesma já passei por isso. Uma vez estava navegando na Amazon e tirei um print de livros recomendados para mim. Guardei esse arquivo e o esqueci no computador. Meses depois, fui limpar minha pasta de arquivos e me deparei com esse print. Verifiquei que dos cinco livros indicados, eu havia lido quatro deles. Mas eu juro que não havia consultado as recomendações. Me perguntei: *Será que eu escolhi os livros que eu queria ler ou foi a Amazon? Será que o algoritmo da Amazon sabe mais do meu gosto do que eu mesma? Será que ainda tenho livre-arbítrio para escolher os livros que vou ler?*

Foi a inteligência artificial, baseada nos meus hábitos, como ler livros no Kindle e usar o GoodReads, que monitorou o meu comportamento. Será? Hoje, a Amazon sabe até mesmo quanto tempo eu levo para ler um livro!

Sem o olhar humano, a tecnologia pode trazer mais problemas e desigualdade para a nossa sociedade. Veja o exemplo do cartão de crédito da Apple, lançado em parceria com a Goldman Sachs. No dia 7 novembro de 2019, um tuíte de David Heinemeier Hansson, cofundador da Basecamp, gerou uma grande repercussão nas redes sociais. Ele e sua esposa, Jamie Hansson, tinham aderido ao cartão de crédito da Apple, e, embora Jamie tivesse uma pontuação melhor que a dele, seu pedido de aumento de crédito foi negado. O próprio Steve Wozniak, cofundador da Apple, respondeu ao tuíte de Hansson: "A mesma coisa aconteceu conosco. Consegui dez vezes o limite de crédito da minha esposa. Não temos contas bancárias ou de cartão de crédito separadas ou quaisquer ativos separados. Porém, é difícil chegar a um humano para uma correção. É uma grande tecnologia em 2019".

Conclusão: o algoritmo do sistema – conjunto de instruções usado para direcionar tarefas – estava programado para dar mais crédito para os homens do que para as mulheres. Os tuítes de Hansson chamaram a atenção de milhares de pessoas. A repercussão foi tanta que reguladores do Estado de Nova York anunciaram uma investigação do algoritmo usado pelo Apple Card para determinar o valor do crédito de quem solicitava o cartão.[37]

A partir do momento em que as tecnologias exponenciais se tornam acessíveis – e isso se dá cada vez mais rápido –, abrimos outro debate que interfere diretamente na vida de todas as pessoas: até que ponto existe ética no uso das tecnologias?

O documentário *Coded Bias*, dirigido por Shalini Kantayya, explora essa questão ao mostrar as consequências da descoberta da pesquisadora do MIT Media Lab, Joy Buolamwini. Ela investigou os vieses nos algoritmos ao constatar falhas na tecnologia de reconhecimento facial que não vê rostos de pele negra com precisão. Com esses dados, Buolamwini iniciou uma jornada para pressionar pela primeira legislação nos Estados Unidos para governar contra o preconceito e a discriminação nos algoritmos.

E os dilemas não param por aí. Já é possível comprar pela internet um kit baseado na biologia molecular para edição de genes chamada CRISPR, com o qual qualquer pessoa consegue fazer manipulação genética. Isso mesmo, editar o DNA. Por meio dele, pequenos fragmentos do DNA de um vírus, por exemplo, podem ser inseridos no genoma das bactérias, criando memórias no sistema imunológico, algo semelhante ao processo desencadeado por vacinas. Também é possível mapear genes, ao longo de determinado material, regular a manifestação ou expressão de um deles, inativar ou deletar genes, e até corrigir algum que tenha defeito.

37 APPLE Card investigated after gender discrimination complaints. **The New York Times**. Disponível em: https://www.nytimes.com/2019/11/10/business/Apple-credit-card-investigation.html. Acesso em: 17 fev. 2021.

Sem o olhar humano, a tecnologia pode trazer mais problemas e desigualdade para a nossa sociedade.

@TONIACASARIN

O problema não está na técnica. Há empresas usando o CRISPR para descobrir, por exemplo, novas formas de diagnosticar e tratar doenças como o câncer[38] e a aids.[39] Isso é um avanço para a saúde, sem dúvida alguma. São pesquisas seriíssimas e feitas por profissionais de alto nível científico. Mas o fato de estar acessível abre brechas para uma discussão sobre o que acontecerá quando as pessoas, por conta própria, começarem a usar esses kits vendidos na internet. E se começarmos a utilizar essa tecnologia para fazer alterações genéticas em embriões humanos de modo que eles nasçam com as características desejadas pelos pais? O que isso significa para a espécie humana, no longo prazo? É o passe livre para hackear a biologia?

Outro fator a se considerar é que o acesso a esse tipo de serviço de alteração genética provavelmente seria somente para a população com maior poder aquisitivo, algo que pode aumentar ainda mais o gap de desigualdade já existente. Além da discussão sobre a edição genética humana, o CRISPR levanta muitas outras questões éticas em relação a outras espécies e ao impacto dessas alterações no meio ambiente, com consequências que não conseguimos nem mapear.

Ninguém duvida do poder de transformação das tecnologias exponenciais. No entanto, o que me pergunto é: como conseguiremos lidar com todas essas variáveis? Até onde podemos ir para usar a tecnologia a nosso favor, criando um mundo melhor para todos?

AS NOVAS RELAÇÕES DE TRABALHO

Fora as dúvidas acerca das tecnologias, a liderança ainda precisa enfrentar as mudanças nas relações de trabalho, como previa Klaus Schwab.

38 MELLO, R. A. CRISPR, uma ferramenta de edição genética, no tratamento do câncer. **Veja Saúde**, 14 maio 2021. Disponível em: https://saude.abril.com.br/coluna/com-a-palavra/crispr-uma-ferramenta-de-edicao-genetica-no-tratamento-do-cancer/. Acesso em: 13 jan. 2022.

39 DVOSRKY, G. Pesquisadores usam edição genética para remover HIV de ratos. **Gizmodo Brasil**, 4 jul. 2019. Disponível em: https://gizmodo.uol.com.br/edicao-genetica-crispr-remove-hiv-ratos/. Acesso em: 13 jan. 2022.

Muitas horas de dedicação, trabalho repetitivo e muito especializado, relações difíceis dentro do ambiente corporativo, pressão por produtividade e resultados: a verdade é que a maneira como estamos trabalhando não está funcionando mais. Desde que Adam Smith argumentou que a divisão do trabalho tornaria as empresas mais produtivas, nossas práticas de liderança e gestão têm sido baseadas nos conceitos de comando e controle e eficiência a qualquer custo.[40] É legítimo buscar produtividade e eficiência, mas essa visão de curto prazo não é mais sustentável.

Lembra do movimento A Grande Renúncia? Pois é, salário, estabilidade e outros benefícios já não são os únicos parâmetros para distinguir um bom emprego de um ruim. As pessoas estão buscando algo a mais. De acordo com o relatório da Workhuman de 2019,[41] colaboradores de todas as faixas etárias estão em busca de pertencimento, significado e propósito no trabalho. Isso significa conectar tarefas do dia a dia a uma missão maior da empresa, que, por sua vez, deve estar totalmente alinhada com os valores pessoais de cada trabalhador.

Além disso, existe o desafio de retenção desses talentos. No mesmo relatório, a Workhuman revelou que uma em cada cinco pessoas está procurando atualmente um novo emprego. A procura é, justamente, pelo propósito de que falamos acima. Por outro lado, quando encontram essa empresa representativa, conectada aos seus valores pessoais, a retenção é grande. Os dados mostram que a chance de esses colaboradores amarem a empresa é quatro vezes maior do que aqueles que não acham esse propósito. Portanto, **construir significado no trabalho é uma vantagem competitiva na busca pelos melhores talentos. E os talentos têm relação direta com a performance e o desempenho dos negócios.**

Todo esse contexto nas novas relações de trabalho traz uma pressão grande por inovação – seja das lideranças, dos times ou das próprias

40 DIVISION of Labor and Specialization. **Econlib.** Disponível em: https://www.econlib.org/library/topics/highschool/divisionoflaborspecialization.html. Acesso em: 27 jun. 2022.

41 THE FUTURE of Work is Human. **Workhuman.** Disponível em: https://www.workhuman.com/press-releases/White_Paper_The_Future_of_Work_is_Human.pdf. Acesso em: 27 jun. 2022.

organizações. Só que não existe inovação sem erro. Porém, o erro ainda é malvisto pelas empresas, enquanto ele deveria ser incentivado e considerado uma etapa importante do aprendizado. Como o profissional tem medo de errar e de ser prejudicado por isso, acaba não propondo nada de novo e se desmotivando, pois não vê espaço para colaborar proativamente num ambiente fechado a ideias.

Além de tudo isso, buscamos a sustentabilidade das organizações numa visão ampla do conceito: do cuidado com as pessoas, passando pelo bem-estar financeiro de toda a empresa até a gestão e a governança responsáveis para que as atividades da companhia sejam positivas para o meio ambiente e a comunidade. Porém, esse caminho passa pela capacidade da organização de se adaptar e pelo potencial de termos um novo modelo de liderança. No mundo VUCA e BANI, com transformação digital, com a pandemia de covid-19 ou com qualquer outra pandemia que possa aparecer, nosso mundo vai continuar se transformando de maneira inesperada. **O futuro vai chegar, quer a gente se prepare ou não, e colocar as pessoas em primeiro lugar é o caminho mais promissor para encará-lo.**

O FUTURO É HUMANO

Quando eu estava na Singularity University, percebi que existiam muitas empresas que tentavam humanizar robôs na tentativa de que os humanos se conectassem com eles. Daí colocarem rostos nas máquinas, com expressões faciais agradáveis (fofas, sabe?) e que demonstrassem emoções. Eu pergunto: por que humanizar os robôs e mecanizar as pessoas?

O filósofo Yuval Noah Harari, durante uma aula magna à qual assisti, disse que devemos utilizar a tecnologia a nosso favor, e não permitir que ela nos use. Precisamos ficar atentos e cuidar para não desenharmos a tecnologia de maneira que ela nos manipule. Ou então, estar atentos e bem-informados o suficiente para ter pensamento crítico, a fim de não cair nesse tipo de manipulação. O assunto é tão sério que a Universidade Stanford, nos Estados Unidos, tem um laboratório dedicado ao Behavior Design (Design Comportamental, em português), que estuda como as tecnologias persuasivas conseguem manipular dados para que as pessoas mudem seus hábitos ou criem outros, como, por exemplo, o vício em redes sociais.[42]

Devemos nos perguntar quais trabalhos os humanos farão, como eles os farão e por que farão. Sempre assumimos que a inteligência artificial terá maior impacto em trabalhos de rotina, como processamento de números ou entrada de dados, e os estudos sobre o futuro do mercado e da automação já destacam isso. No entanto, um papel que será muito afetado é o da liderança. A tecnologia liberará tempo e recursos para permitir focar as pessoas dentro das organizações.

Por isso, acredito que a tecnologia só será eficaz se formos capazes de combiná-la com as habilidades humanas, porque a disrupção tecnológica que leva à automação e à eliminação de empregos desatualizados também é responsável pela criação de empregos que não existiam antes. O aspecto criativo da inovação depende 100%

42 WHAT is Behavior Design? **Stanford Behavoir Design Lab**. Disponível em: https://behaviordesign.stanford.edu/. Acesso em: 12 jul. 2022.

das pessoas. Portanto, o foco nas pessoas alavanca a tecnologia. A inovação mais brilhante é irrelevante se não formos capazes de utilizá-la a nosso favor.

Afirmar que o futuro é humano significa dizer que a ordem dessa era é a tecnologia a favor das pessoas. Devemos transformar essas potencialidades para que nos ajudem a retomar, enquanto organizações e sociedade, aquilo que é intrínseco à nossa natureza. E de que maneira? Com uma liderança humana. E é sobre isso que vamos falar no próximo capítulo.

Acredito que
a tecnologia só
será eficaz se
formos capazes
de combiná-la
com as habilidades
humanas.

@TONIACASARIN

CAPÍTULO 3

A LIDERANÇA DO FUTURO É HUMANA

"NÃO VEMOS AS COISAS COMO ELAS SÃO,
VEMOS AS COISAS COMO SOMOS."
ANAÏS NIN

Em 2015, a *Harvard Business Review* publicou um artigo[43] com uma pesquisa que, naquela época, parecia meio contraditória. Ela mostrava que, em um mundo cada vez mais tecnológico, as habilidades sociais e emocionais tornavam-se diferenciais importantes e fundamentais para as pessoas. Dessa maneira, qualidades antes consideradas excepcionais, como fazer diversos cálculos de cabeça (e muito rapidamente), perdiam espaço, enquanto o protagonismo estava sendo voltado para habilidades como saber se relacionar, se comunicar, trabalhar em conjunto e se adaptar a circunstâncias diversas. O artigo ainda apontava que bons robôs, por não serem flexíveis, são excelentes em tarefas específicas, as quais foram programados para fazer. Está aí a maior vantagem dos seres humanos nesse mercado de trabalho. Por mais que tudo seja tecnológico, ainda precisamos de humanos à frente das máquinas. Afinal, quanto mais a tecnologia se desenvolve, mais humanos precisamos ser, lembra-se?

De lá para cá, esse assunto amadureceu e ganhou força. A gestão no formato passado – voltado exclusivamente para os resultados dos acionistas – não cabe mais no contexto atual. Assim, valorizar as habilidades sociais e emocionais, como a pesquisa mostrou, já não é mais uma recomendação, mas um ponto fundamental para que as empresas tenham sucesso. E se a empresa muda, os líderes também precisam acompanhar esse movimento, passando a assumir de vez o papel de uma liderança humana, voltada para as pessoas. Inclusive,

43 TORRES, N. Research: Technology Is Only Making Social Skills More Important. **Harvard Business Review**, 26 ago. 2015. Disponível em: https://hbr.org/2015/08/research-technology-is-only-making-social-skills-more-important. Acesso em: 21 jun. 2022.

um estudo da Gallup com mais de 7 mil estadunidenses concluiu que 50% das pessoas deixaram um emprego em algum momento da carreira para se afastar de seus gerentes, a fim de melhorar a qualidade de vida em geral.[44] Um livro inteiro poderia ser escrito sobre como as lideranças ao redor do mundo estão falhando. Mas, diante desses contraexemplos, também ganha força uma nova forma de liderar.

Vivemos a tendência humanista em contraponto às inovações tecnológicas e precisamos pensar no próximo nível de ser humano. Colocar a pessoa no centro é inevitável. O Design Thinking colocou isso de uma maneira muito prática com o *human-centered design*.[45] Já está mais que claro que criatividade, invenção, empatia, ética, emoções, conexões sociais e intuição permanecerão como atributos exclusivamente humanos, e não há máquinas capazes de substituir essas habilidades.

Essa tendência humanista foi escancarada em 2020, ano marcado pela pandemia de covid-19. Com tantas incertezas, a situação apresentou que o mundo é sobre nós, humanos, e mostrou também como garantir que todos nós, individual e coletivamente, possamos nos conectar, sobreviver e prosperar. Precisamos uns dos outros não somente para impedir que o vírus se espalhasse, mas também para garantir o nosso bem-estar. Como consequência dessa consciência recém-adquirida, a liderança também abraça a tendência humanista.

Nesse novo modelo, líderes criam ambientes em que todas as pessoas possam prosperar. Não é mais somente sobre quem é o colaborador, como também sobre todo o sistema que o cerca. E essa necessidade de incorporar uma nova maneira de liderar chega como um tsunami. Não é uma nova liderança representada por um pequeno grupo de heróis que vai resolver todos os problemas, mas a liderança que nasce dentro de cada líder. Não dá mais para ser um espectador e esperar que outra pessoa intervenha ou avance, como um super-herói que aparece, corrige

44 HARTER, J.; ADKINS, A. Employees Want a Lot More From Their Managers. **Gallup**, 8 abr. 2015. Disponível em: https://www.gallup.com/workplace/236570/employees-lot-managers.aspx. Acesso em: 5 jul. 2022.

45 Design Thinking é a abordagem utilizada para encontrar soluções de problemas por meio do pensamento crítico e criativo. Já o *human-centered design* é o design centrado no ser humano. [N. E.]

os erros e destrói o inimigo. Porque, na realidade, esse herói não vai chegar. Nesse contexto, mudar pode não ser tarefa simples, mas ter coragem de fazer coisas difíceis costuma ser a atitude mais humana possível. A liderança é uma escolha. É hora de assumir uma visão mais ampla, que vá além do curto prazo, do lucro e da produtividade.

No livro *O jogo infinito*,[46] Simon Sinek explica que ninguém vence o mundo dos negócios e que este é um jogo infinito. Pois eu digo que a liderança também é. A ideia é perpetuar a participação no jogo e, por si só, essa definição aborda o longo prazo. Apesar do fato de as empresas estarem em um jogo que não tem vencedor, muitas lideranças continuam jogando como se pudessem ganhar. Sinek diz que, para ter sucesso no jogo infinito dos negócios, devemos parar de pensar em quem vence ou quem é o melhor e começar a pensar em como construir organizações fortes e saudáveis o suficiente para permanecer no jogo por muitas gerações. O verdadeiro valor de uma organização é medido pelo desejo que os outros têm em contribuir para a capacidade dela de continuar progredindo não apenas durante o tempo em que estão lá, mas muito além do próprio mandato.

Para entender melhor essa questão, quero provocar você a refletir a partir de algumas perguntas:

- POR QUE MINHA EMPRESA EXISTE?
- QUAL É A NECESSIDADE QUE ESTAMOS RESOLVENDO?
- QUAL É O OBJETIVO PRINCIPAL DO NOSSO NEGÓCIO, ALÉM DA GERAÇÃO DE LUCRO?
- QUAIS PRODUTOS OU SERVIÇOS ESTAMOS OFERECENDO E POR QUE ALGUÉM DEVERIA OPTAR POR ELES EM VEZ DE OUTROS?
- QUAIS VIDAS OU EXPERIÊNCIAS ESTAMOS PROCURANDO IMPACTAR?
- QUAL É O LEGADO QUE QUEREMOS DEIXAR?

Tais perguntas demandam uma reflexão profunda e que deve ser feita com atenção plena. Uma reflexão que não deve ser realizada apenas por você, leitor, mas por todos que fazem parte da sua organização. E mesmo que o processo de chegar às respostas traga ainda

46 SINEK, S. **O jogo infinito**. Rio de Janeiro: Sextante, 2018.

mais questionamentos, não se preocupe. Líderes verdadeiramente eficazes são capazes de expor as próprias vulnerabilidades, assim como aceitar com empatia a vulnerabilidade dos seus colaboradores. Segundo os pesquisadores Robert Goffee e Gareth Jones, ao agir dessa maneira, líderes podem se conectar com um lado mais humano e também são capazes de confiar em seus instintos, sem medo de expressar pontos que os tornam únicos.[47]

Se estamos vivendo no caos das tecnologias exponenciais, das novas relações de trabalho e também da maneira como nos relacionamos com o mundo ao nosso redor, temos a missão de trazer de volta os valores humanos para todos os aspectos de nossa vida e dos negócios. Podem existir empresas sem tecnologia, mas não existem empresas sem pessoas.

Embora saibamos da importância dos resultados e da performance corporativa, é importante achar a melhor maneira de alcançá-los. Precisamos de líderes que coloquem as pessoas no centro e, genuinamente, se preocupem com elas. Uma liderança que traga à tona o melhor de si e dos outros, que responda e seja impulsionada pelas necessidades e preocupações pessoais dos seus familiares, times, comunidades e até desconhecidos. Uma liderança que não esteja somente preocupada com a próxima meta a ser batida, mas também com o fortalecimento da relevância da empresa para as próximas décadas, com o seu propósito e impacto no mundo. O legado desse líder deve ser maior do que sua própria existência.

Concluindo: a liderança humana é, portanto, sobre escolher investir no ser humano, para que ele se torne um indivíduo melhor, um profissional melhor e um cidadão melhor. Líderes humanos são aqueles que não fingem ser quem não são; eles estão em busca de se tornarem a melhor pessoa que podem ser, construindo as melhores organizações possíveis, criando e nutrindo relacionamentos positivos e produtivos, e desenvolvendo sua contribuição e legado para o mundo. Você não tem como discutir contra o argumento de deixar o mundo melhor.

47 GOFFEE, R.; JONES, G. Why Should Anyone Be Led by You? **Harvard Business Review**, set.-out. 2000. Disponível em: https://www.newperspectives.com.au/downloads/why%20should%20anyone%20be%20led%20by%20you.pdf. Acesso em: 28 jun. 2022.

A maioria das lideranças atuais vivem rotinas tão presas ao excesso de racionalidade que deixam as métricas de resultado comandarem seu coração e seu corpo. Sentem-se exaustas o tempo todo e ainda sofrem as consequências com o desequilíbrio de todas as áreas da vida. É muito comum perceber isso em meus clientes de coaching executivo. São profissionais super bem-sucedidos, com status social, patrimônio construído, ou seja, seres humanos com muito sucesso profissional, porém, infelizes; sem um propósito claro e se sentindo vazios. Em nossas sessões, o foco passa pela (re)conexão desses indivíduos consigo, resgatando sua humanidade e integrando o coração – valores, crenças, prioridades e emoções. Assim, eles se preparam para estabelecer uma nova dinâmica profissional e pessoal de maneira integrada e para ter mais sensibilidade às mudanças que impactem todos ao seu redor. Sem essa integração entre nossos objetivos profissionais e nossa humanidade não nos sentiremos completos.

Curiosamente, quando olhamos para a etimologia da palavra liderar, vemos um significado ligeiramente diferente daquele que temos adotado ao longo dos anos, de que o líder é a pessoa que controla a equipe, cumpre os prazos estipulados e simplesmente entrega resultados a partir de um bom planejamento. Sua origem tem uma definição mais relacionada a ser um guia. A liderança, portanto, é menos sobre "fazer" algo e mais sobre "ser". Ou seja, ser de determinada maneira para conduzir um time em uma jornada a serviço de um objetivo coletivo maior. Lembre-se de que as pessoas não se lembram da gente pelo que fazemos por nós mesmos, elas se lembram de nós pelo que fazemos **por elas**.

Mas como pensar nas pessoas se elas não estão no centro? Desde a época em que morei na sede da NASA, saí convicta a engajar mais pessoas para que incorporassem o modelo Eu-Nós-Mundo em suas rotinas e decisões. Siga comigo, pois vou explicar esse modelo.

EU-NÓS-MUNDO

O modelo Eu-Nós-Mundo busca exemplificar a liderança humana. Ele é formado por três círculos intercalados, como se fossem as ondas do efeito cascata quando uma gota cai no oceano. Esses círculos não são completamente fechados nem perfeitamente definidos, pois cada um deles se relaciona com o outro em um eterno jogo de idas e vindas.

Quero convidar você a resgatar a metáfora da gota d'água no oceano sobre a qual falamos nas primeiras páginas deste livro. Só para recordar: assim que a gota toca a superfície da água, pequenas ondas se movem de dentro para fora. Essas primeiras ondulações formam o círculo do EU. Suas ações e decisões afetam a sua vida. Quando você observa a segunda camada de ondas que se forma, percebe que suas ações e decisões também afetam o **outro**. E você percebe que não é mais sobre o outro, é sobre NÓS. À medida que nos afastamos do local no qual a gota caiu, as ondas ficam mais largas: este é o círculo do MUNDO. Vamos falar sobre cada um deles a seguir.

O EU

"QUEM SOMOS EXPRESSA COMO LIDERAMOS."

BRENÉ BROWN

O EU é o primeiro componente do modelo – o que faz sentido se considerarmos que o Oráculo de Delfos[48] já dava o conselho de conhecer a si mesmo há milhares de anos. O EU significa ter uma compreensão profunda das próprias emoções, forças, fraquezas, necessidades e impulsos, e se estende até seus valores, crenças e objetivos.

O círculo do EU refere-se a quem você é. A liderança emana de quem somos, não apenas do que fazemos. Para buscar ser uma pessoa melhor, líderes precisam desenvolver o autoconhecimento, entender emoções e pensamentos e analisar a influência disso tudo no próprio comportamento, na mentalidade e na tomada de decisão. Devem entender suas expectativas, seus planos e desejos, seus medos e sua identidade, e como o EU afeta suas relações e o mundo. Esse processo é fruto da sua eterna avaliação na busca de ser uma pessoa melhor para si próprio, para os outros e para o mundo. Portanto, a liderança começa por dentro.

Olhar para dentro nos permite ter conexão com o propósito do trabalho em uma busca interna de si mesmo. Em um mundo VUCA e BANI, a mudança é a nossa única certeza, e lidar com ela começa por nós mesmos. Embora mudar envolva estresse, incerteza, medo, ansiedade e outros sentimentos que muitos de nós nem sabemos nomear, através

48 O Oráculo de Delfos era o mais importante centro religioso da Grécia antiga. Entre os séculos 8 a.C. e 2 a.C., ele era muito procurado pelas pessoas que supostamente recebiam previsões sobre o futuro, conselhos e orientações. Disponível em: https://super.abril.com.br/mundo-estranho/o-que-era-o-oraculo-de-delfos/. Acesso em: 22 jun. 2022. [N. E.]

da capacidade da neuroplasticidade, reconectando neurônios e fazendo novas conexões neurais, podemos virar a chave em nosso cérebro para que ele saia do modo de rejeição às mudanças.

O trabalho em volta do círculo do EU é para a vida inteira, um processo contínuo de desenvolvimento pessoal, não somente com o objetivo de melhorar a sua sensação de bem-estar e saúde mental, como também de validar o que significa felicidade e sucesso para você, para que tome as melhores decisões para si próprio.

Você nasceu para fazer grandes coisas e atingir seu máximo potencial como ser humano. Você lidera a partir de quem você é.

O NÓS

"– MESTRE, COMO DEVERÍAMOS TRATAR OS OUTROS?
O MESTRE RESPONDEU: – NÃO EXISTEM OS OUTROS."

RAMANA MAHARSHI

Você já ouviu falar na Pando? É uma colônia de árvores de 43 hectares formada por um único organismo vivo. Localizada em Utah, nos Estados Unidos, é considerada o maior organismo vivo do mundo, em que uma árvore alimenta a outra e novas surgem, ou seja, elas vivem interconectadas. O nome Pando vem do latim, e significa *espalhar*.

Assim também somos nós – ou deveríamos ser. A humanidade é feita de indivíduos. E uma das coisas que tornou a raça humana tão bem-sucedida não é sermos os mais fortes ou os mais inteligentes, mas sermos animais sociais. Temos a capacidade de formar comunidades, culturas: um grupo de pessoas com um conjunto comum de crenças e valores. E assim é também uma empresa.

Nós não existimos sozinhos no mundo. Somos quem somos porque vivemos em sociedade e evoluímos nas relações com os outros. O ser humano é um ser social em sua essência. Vivemos em famílias, tribos e nações, e cada vez mais como parte de uma comunidade global interconectada. Inclusive biologicamente temos os neurônios-espelho, que disparam quando alguém age e quando o animal observa a mesma ação realizada por outro. Assim, o neurônio "espelha" o comportamento do outro, como se o próprio observador estivesse agindo. Um exemplo fácil de entender é quando alguém boceja e você também o faz, como se fosse contagioso. Os neurônios-espelho nos permitem aprender por meio da imitação e a refletir a linguagem corporal, as expressões faciais e as emoções, desempenhando um papel essencial em nossa vida social.

Na liderança ocorre algo parecido, pois ela não cria uma escolha apenas para o EU, mas também para o **outro**, como se refletisse o próprio comportamento, criando, assim, o NÓS. O maior desafio da liderança é transformar o outro em NÓS. A liderança do futuro tem foco nas relações e será feita de pessoas que entendem as pessoas, que entendem como fazer escolhas que promovam o bem-estar humano, que entendem o que significa colocar os seres humanos em primeiro lugar, sem perder de vista os resultados. A pesquisa neurocientífica estabeleceu que prosperamos de maneira ideal quando estamos em comunidade, nos envolvemos cooperativamente e agimos com compaixão. Como líderes, temos a capacidade de mudar a realidade de outra pessoa todos os dias. A liderança é um fenômeno social.

O MUNDO

"O QUE FAZEMOS POR NÓS MESMOS MORRE CONOSCO.
O QUE FAZEMOS PELOS OUTROS E PELO MUNDO PERMANECE E É IMORTAL."
ALBERT PINE

O legado de cada um será sobre o que se deixa para o mundo quando não estiver mais aqui. Se você acha que o legado é algo com que você se preocupa somente mais tarde em sua carreira, perto da aposentadoria, está enganado. Os pesquisadores de Harvard Robert Galford e Regina Maruca argumentam, no livro *Seu legado de liderança*,[49] que pensar sobre esse assunto nos torna líderes melhores no presente.

Ao incorporar esse mindset, você começa a tomar melhores decisões para o MUNDO hoje. O legado vem da ideia de que todos podem fazer a diferença no MUNDO. A busca para deixar um legado é uma

49 GALFORD, R.; MARUCA, R. **Seu legado de liderança.** São Paulo: M.Books, 2007.

jornada que leva do sucesso ao significado através de uma visão de longo prazo. Se ninguém vence no mundo dos negócios, como disse Simon Sinek, as lideranças precisam começar a pensar como construir e manter organizações fortes e saudáveis e, ao mesmo tempo, contribuir para uma sociedade melhor. Ou seja, como tomar decisões pensando no seu impacto no MUNDO no longo prazo, ainda que, no curto prazo, possa parecer um contrassenso ou até uma loucura.

A nossa vida é um jogo infinito. Não existe vencedor nem perdedor na vida. Não existe vencedora na política global. Ninguém nunca foi declarado vencedor na categoria carreira. Ninguém é o vencedor da saúde ou da educação. Você pode entrar em primeiro lugar no vestibular, mas não ganhou o jogo da educação. E, definitivamente, não existe vencedor no mundo dos negócios. Não existe vencedor da liderança. A liderança é um jogo infinito, lembra-se? Mas quando não estivermos mais aqui, nosso legado estará. Ao nos perguntar como queremos ser lembrados, plantamos as sementes para viver a vida como se importássemos e fizéssemos diferença. Ao oferecer nosso próprio legado único, tornamos o mundo em que habitamos um lugar melhor do que quando chegamos.

As decisões das lideranças de hoje terão um profundo impacto no mundo de amanhã. De qual tipo de liderança você acha que precisamos para o futuro? Em um mundo repleto de incertezas e complexidades, em que a mudança rege a velocidade que vivemos, lembramos que as pessoas estão no centro das mudanças. A liderança humana é capaz de reconhecer como as mudanças tecnológicas afetam a maneira que vivemos, trabalhamos e como nos relacionamos. A tecnologia é exponencial, mas precisamos resgatar a humanidade comum entre nós para que as pessoas se tornem exponenciais. Por isso, o modelo Eu-Nós-Mundo reflete o papel de cada indivíduo diante de nós mesmos, das nossas relações e da sociedade em que vivemos.

Mas como inserir o Eu-Nós-Mundo na sua liderança? Como ser a liderança que deixa o melhor legado para o amanhã? Como sobreviver ao caos que vivemos? Esta nova liderança está aberta a mudar sua mentalidade e seus comportamentos para desenvolver competências que sejam à prova de futuro. Foi pensando nisso que criei os dez Cs da liderança exponencial.

Há uma década venho pesquisando as relações de trabalho, as competências emocionais e o perfil de líder do futuro. Estudei a fundo várias pesquisas e materiais de referência, participei de grandes eventos sobre o tema e entrevistei líderes das maiores empresas do Vale do Silício. Busquei elementos comuns entre esses recursos, que organizei no modelo abaixo:

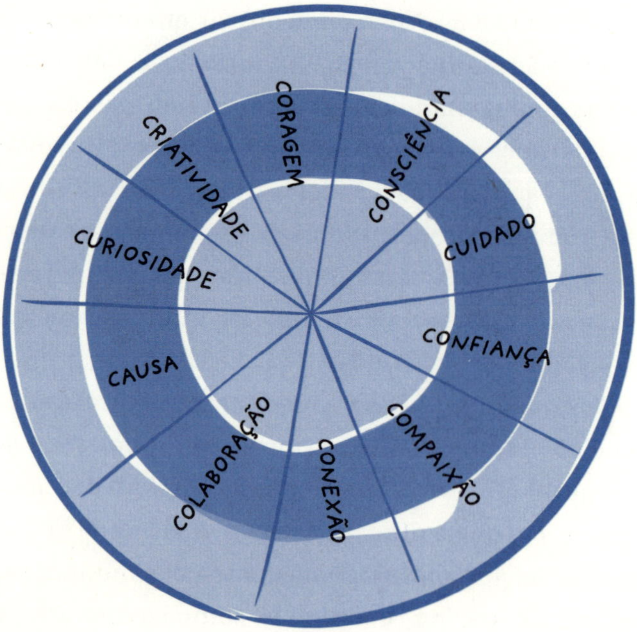

A partir de agora você vai conhecer esses Cs; vai aprender como eles são a base da liderança humana conectada com o futuro. Também apresentarei como cada uma das competências se relaciona com o modelo Eu-Nós-Mundo. Além disso, ao fim de cada capítulo em que o C é apresentado, estão propostos exercícios que ajudarão você a praticar e enriquecer o seu conhecimento sobre a sua responsabilidade na metáfora da gota d'água no oceano. Está pronto?

A liderança humana é, portanto, sobre escolher investir no ser humano, para que ele se torne um indivíduo melhor, um profissional melhor e um cidadão melhor.

@TONIACASARIN

CAPÍTULO 4

CONSCIÊNCIA: O FUTURO COMEÇA DENTRO DE NÓS

“A LIDERANÇA É ESSA INTENSA JORNADA PARA DENTRO DE SI MESMO.”[50]
JEFFREY R. IMMELT

Existem várias definições para o conceito **consciência**. A Psicologia, por exemplo, o entende como a percepção de fenômenos externos e processos mentais efetuada por um organismo. É o famoso “estar consciente de algo”, ou seja, estar atento, saber o que ocorre.[51] Já a Filosofia explica o termo como a percepção imediata do sujeito daquilo que se passa dentro ou fora dele; o conhecimento que o homem possui dos próprios pensamentos, sentimentos e atos.[52]

Construir consciência é como descascar uma cebola. Você tira camada por camada e, aos poucos, chega ao interior dela. Mas até chegar lá, chora com o ardor das enzimas liberadas pela planta. É como colocar-se sob um microscópio e se aventurar em todas as áreas de si mesmo e em tudo o que você faz, desde as escolhas e decisões que toma até a conversa interna que promove suas crenças e suas perspectivas sobre o mundo – e até sobre si mesmo! O processo pode ser sofrido, mas o resultado é libertador. Isso o atinge no cerne de quem você é de verdade, o faz rever relacionamentos e entender seu impacto no mundo – camada por camada, relacionamento por relacionamento, atitude por atitude.

O trabalho no nível da consciência é algo que faremos durante a vida inteira, pois sempre teremos novas experiências e situações que

50 ROBICHAUX, A. What is Inner Work®? It’s the key to being a better leader. **BetterUp**, 20 set. 2021. Disponível em: https://www.betterup.com/blog/to-be-a-better-leader-start-on-the-inside-with-inner-work. Acesso em: 2 mar. 2022.

51 CONSCIÊNCIA – Psicologia. **InfoEscola**. Disponível em: https://www.infoescola.com/psicologia/consciencia/. Acesso em: 1º mar. 2022.

52 CONSCIÊNCIA (filosofia). **Infopédia – Porto editora**. Disponível em: https://www.infopedia.pt/apoio/artigos/$consciencia-(filosofia). Acesso em: 1º mar. 2022.

nos farão enxergar diferentes aspectos de nós mesmos. Ser um líder consciente requer um mergulho profundo em si, estando ciente da paisagem externa e de como o seu comportamento afeta os outros.

O termo liderança consciente surgiu em 2014 quando Jim Dethmer, Diana Chapman e Kaley Klemp publicaram o livro *The 15 Commitments of Conscious Leadership*, em que mostraram quais eram os principais compromissos do líder consciente.[53] Desde então, vários congressos e conferências sobre o assunto são realizados e outras lideranças vêm falando sobre a importância da consciência. Um deles é John Mackey, fundador da Whole Foods Market, rede de supermercados que busca levar produtos naturais para suas lojas e que foi comprada pela Amazon em 2017, em uma transação bilionária.

Mackey, que há uma década já fala sobre o capitalismo consciente, passou também a enfatizar a importância da liderança consciente. Ele defende que o líder consciente sabe que o lucro deve andar com o propósito. Não se trata apenas de lucrar, mas também de ter um propósito maior e criar valor para todos. Em uma entrevista ao *The New Yorker*, Mackey explicou: "os clientes importam, os funcionários importam, os fornecedores importam, as comunidades importam, o meio ambiente importa. [...] Essas partes são como um sistema. [...] Em vez de pensar em uma relação de troca em que um ganha e o outro perde, o líder procura estratégias em que todos estão ganhando".[54] Portanto, não se trata apenas de pensar só no eu ou só na empresa, mas sim no nós e no mundo, já que o Whole Foods tem um compromisso inabalável com a agricultura sustentável.

Líderes conscientes levam à transformação da visão de mundo, dos relacionamentos entre as pessoas e até da cultura da empresa. De que maneira? Demonstrando a capacidade de avaliar, honestamente,

53 WHAT is conscious leadership? **Sunderland Coaching**, 6 ago. 2020. Disponível em: https://www.sunderlandcoaching.com/blog/what-is-conscious-leadership-a-quick-guide. Acesso em: 4 mar. 2022.

54 CHOTINER, I. The Whole Foods CEO John Mackey's "Conscious Capitalism". **The New Yorker**, 22 fev. 2021. Disponível em: https://www.newyorker.com/news/q-and-a/whole-foods-ceo-john-mackeys-conscious-capitalism. Acesso em: 15 maio 2022.

a si próprio, suas crenças e ações e o impacto dessas sobre seu eu, sobre os outros – para transformá-los em nós – e sobre o mundo.

A CONSCIÊNCIA E O EU, O NÓS E O MUNDO

Quem pensa em liderar olhando para a frente, preparado para esse mundo VUCA e BANI, precisa ter alto nível de consciência do eu, do nós e do mundo.

Escolhi a consciência como uma das características fundamentais da liderança exponencial, e também a primeira competência para abrir os Cs, porque ela é fundamental para os líderes desenvolverem a capacidade de olhar para dentro de si – sentimentos, emoções, pensamentos, visão de mundo – e enxergar como esses fatores afetam a tomada de decisões.

Começando pela consciência do eu, temos o autoconhecimento, uma ideia defendida inicialmente por Daniel Goleman, psicólogo e autor do livro *Inteligência emocional*.[55] Ele entende esse atributo como sendo a capacidade de reconhecer e compreender os próprios humores, emoções e impulsos. Para Goleman, o autoconhecimento advindo da consciência é um dos preditores mais fortes de sucesso para a liderança.

Mas não é só ele que defende essa teoria. O historiador Yuval Harari, no seu livro *21 lições para o século 21*,[56] diz que para cada dólar e cada minuto que investimos na melhoria da inteligência artificial, seria sensato investir um dólar e um minuto no avanço da consciência humana. Ninguém sabe ao certo como será o mundo em vinte ou trinta anos, mas o que sabemos desde já é que, para acompanhá-lo, não precisaremos aprender apenas sobre tecnologias, inventar novas ideias e produtos, e entender sobre novas formas que a sociedade tem se organizado quando impactada pela tecnologia. Será preciso também se reinventar.

---

55 GOLEMAN, D. **Inteligência emocional**: A teoria revolucionária que redefine o que é ser inteligente. Rio de Janeiro: Objetiva, 2011.

56 HARARI, Y. N. **21 lições para o século 21**. São Paulo: Companhia das Letras, 2018.

Não se trata apenas de lucrar, mas também de ter um propósito maior e criar valor para todos.

@TONIACASARIN

Não será uma vez apenas, como fizemos na pandemia de covid-19, mas muitas outras. Poderá haver cada vez mais períodos de descontinuidade na vida, como uma troca de carreira, por exemplo, ou períodos de mudanças acompanhados de processos de transição. E essa reinvenção passa pela complexa ideia de se autoconhecer. Assim, saber "quem sou eu?" será uma pergunta mais urgente de ser respondida do que "o que eu sei fazer?".

Eu acredito que o futuro começa dentro de nós. E já existe até um termo para essa prática de olhar para nosso interior e para as nossas experiências em busca de coisas que despertam paixão e inovação: é o *inner work*, processo que leva em consideração valores e modelos mentais para darmos mais sentido a nós mesmos e ao mundo.

Ao se conhecer internamente como agente transformador, a liderança consegue lidar melhor com as pressões por produtividade, desenvolve mais os relacionamentos (quem nunca se incomodou com um colega de trabalho sem encontrar um motivo para isso?), ganha maior confiança e ainda evita situações de esgotamento e estresse, pois entende que o bem-estar está acima do trabalho e passa a priorizá-lo. Além disso, se conhecer facilita o entendimento de caminhos profissionais que irão satisfazer você, quais são os seus limites, quais modelos de trabalho funcionam para você – pontos que podem prevenir sofrimento futuro em uma potencial fase de transição de carreira.

O conceito de *inner work* é uma oposição ao *outer work*, que é o trabalho externo, cujas atividades acontecem externas a nós, como uma reunião de trabalho ou uma análise de dados. O problema é que os profissionais passam tanto tempo preocupados em melhorar esse *outer work*, pois é por ele que são pagos, que se esquecem que o *inner work* os fará ser melhores e mais realizados no mundo exterior.

Ao trabalhar o seu *inner work* você estará se autoconhecendo e sabendo o que pensa realmente frente a um problema a ser resolvido. Você poderá refletir sobre questões como: *Será que estou apenas ligando o piloto automático e resolvendo a questão ou estou colocando o que penso e sinto ao resolvê-la? Quão autoconsciente eu sou?*

Estou recebendo feedback honesto de outras pessoas que me ajudam a me entender? Como as outras pessoas me veem? Muitas vezes, as respostas para essas questões são difíceis de ouvir, principalmente na hora de saber como as pessoas o veem. Porque isso pode levar a encarar características que você não enxerga em si.

A parte mais desafiadora dessa busca por consciência sobre si mesmo é descobrir seus pontos cegos. Para isso, você deve ter atenção às suas reações por impulso, especialmente aquelas que não condizem com a relação que você quer construir com as pessoas e o ambiente à sua volta. Nos momentos em que a sua reação não é a que você gostaria de ter, é muito importante identificar os gatilhos que a desencadearam para trabalhar o que precisa de ajuste.

Um líder sem consciência de si pode até ter resultados, mas em algum momento da vida irá perceber que seguiu a carreira que os pais queriam ou apenas acompanhou seus amigos. De repente, percebe o quanto está infeliz com as próprias decisões, como já vi acontecer inúmeras vezes com clientes de coaching que, como altos executivos, olharam para trás e perceberam que suas decisões não eram coerentes com seus valores, crenças e sonhos genuínos.

Além da consciência de si mesmo, as lideranças também devem desenvolver a consciência dos outros. Isso significa ser capaz de alcançar as pessoas onde elas estão, se conectar em uma dimensão mais profunda e ter empatia por quem elas são.

Quando lideramos um grupo de pessoas, é fundamental entender quem elas são e ter consciência do impacto das próprias ações no time. A liderança é contagiosa, para o bem e para o mal. Portanto, a responsabilidade de ter consciência de si reflete no círculo do nós, especialmente porque os comportamentos da liderança são a referência para as pessoas da equipe.

De acordo com a neurociência social (por ela, entende-se o campo de estudo que analisa o que acontece com o cérebro enquanto as pessoas interagem umas com as outras), quando líderes têm consciência do NÓS, possuem mais empatia e se tornam mais sintonizados uns com os outros. Sintonizam-se, inclusive, com o humor das pessoas que os rodeiam. E isso vai além: pesquisadores descobriram que a dinâmica líder-liderados não é um caso de dois ou mais cérebros independentes que reagem um ao outro. Na verdade, as mentes individuais tornam-se, de certo modo, fundidas em um único sistema. Assim, grandes líderes são aqueles cujo comportamento potencializa o sistema de interconexão do cérebro.[57] Portanto, uma maneira de se tornar um líder melhor é reforçar essas interconexões do cérebro, deixando o ambiente de trabalho mais harmonioso, mais leve e, consequentemente, mais apreciado pelos que fazem parte dele. Deste modo, juntos, constroem uma cultura organizacional que cria e perpetua um ambiente mais positivo para alcançar resultados, no qual a cooperação entre todos é uma das características predominantes. Os outros, portanto, se transformam em nós – e, a partir desse ponto, somos capazes de ter consciência sobre o mundo.

Uma grande empresa tem o poder de influenciar diretamente o comportamento de milhões de pessoas. O Google, por exemplo, tem como missão organizar as informações no mundo – e isso tem um tremendo impacto. Já uma empresa de alimentos, ao decidir quanto de água vai usar no seu processo produtivo, também impacta o mundo que vivemos. Se ela gasta mais, está prejudicando as futuras gerações. Se resolve gastar menos, além de preservar os recursos naturais, também influencia outras empresas a seguirem o mesmo protocolo. E o mesmo vale para um pequeno negócio cujo impacto pode ser pensado inicialmente para alcançar um local específico. Como, por exemplo, a iniciativa liderada por um grupo de jovens negros que criaram, em 2019, a Perifacon – uma convenção de cultura pop voltada para a população das favelas de São Paulo cujo acesso a espaços culturais ainda é muito difícil. Com uma proposta de roteiro itinerante, já foram realizadas duas edições do evento: em 2019, no Capão Redondo e, em 2022, na Brasilândia. Nesta última, foram 4 mil participantes e cerca de sessenta artistas independentes entre

57 GOLEMAN, D.; BOYATZIS, R.E. Social Intelligence and the Biology of Leadership. **Harvard Business Review**, set. 2018. Disponível em: https://hbr.org/2008/09/social-intelligence-and-the-biology-of-leadership. Acesso em: 4 mar. 2022.

escritores, quadrinistas e músicos que puderam expor e comercializar seus trabalhos.[58]

Além disso, as empresas estão se posicionando diante de questões sociais. Um caso que mostra bem essa tendência foi o de quando algumas empresas dos Estados Unidos decidiram custear viagens para que suas colaboradoras pudessem realizar um aborto, caso fosse o desejo delas, em estados em que a prática é permitida.[59] A reação aconteceu depois que a Suprema Corte americana suspendeu o direito constitucional ao aborto, cabendo aos estados a decisão de manter o direito das mulheres ou não.

Essa consciência do próprio impacto no mundo também acontece quando uma empresa abre um processo seletivo para colaboradores com mais de 60 anos, por exemplo, ou apenas para pessoas pretas. A atitude ajuda a elevar a consciência da sociedade de que é preciso olhar com atenção para alguns grupos e até mesmo pressionar os governantes a mudar algumas leis, a fim de gerar mais oportunidades para todos.

Como você viu ao longo deste capítulo, líderes conscientes reconhecem emoções, sentimentos, ações e comportamentos, e entendem como esse conjunto de características impacta as pessoas ao redor. É o efeito gota d'água no oceano, que se espalha à medida que o líder se prepara para encarar essa nova realidade com seus colaboradores diretos, seus pares e até com os executivos seniores da empresa, pois ele sabe o quanto é responsável por cultivar relacionamentos positivos e produtivos nos ambientes que lidera, promovendo conexão humana com e entre as pessoas. Ele se concentra na construção da cultura do nós em vez de promover somente a cultura do eu. Isso significa que o líder consciente tem cuidado com quem o rodeia. E essa é a próxima competência que iremos abordar.

58 STROPASOLAS, P. PerifaCon: convenção geek das favelas reúne milhares de pessoas em São Paulo. **Brasil de Fato**, 31 jul. 2022. Disponível em: https://www.brasildefato.com.br/2022/07/31/perifacon-convencao-geek-das-favelas-reune-milhares-de-pessoas-em-sao-paulo. Acesso em: 2 ago. 2022.

59 DUFFY, C. Empresas dos EUA cobrirão custos de viagem para funcionárias que precisem realizar aborto. **CNN Brasil**, 24 jun. 2022. Disponível em: https://www.cnnbrasil.com.br/business/empresas-dos-eua-cobrirao-custos-de-viagem-para-funcionarios-que-precisem-realizar-aborto/. Acesso em: 28 jun. 2022.

CONSCIÊNCIA:
um convite para colocar essa competência em prática

CONSCIÊNCIA DO EU

Os adultos se desenvolvem quando refletem sobre as experiências. Porém, nós, enquanto lideranças, dificilmente separamos tempo para refletir. Estamos sempre correndo, entre demandas, reuniões e e-mails, como se não pudéssemos parar nem por um minuto.

Portanto, agora, neste exato instante, estou dando permissão a você para pausar e refletir. Parte de tomar consciência de si mesmo começa por entender como sua história de vida até aqui o levou a ser quem você é.

Por isso, quero propor que faça o exercício da **Linha da vida**. Esta é uma ferramenta poderosa que uso com meus clientes de coaching executivo para mapear os momentos relevantes que marcaram a vida deles – e por que foram tão importantes. São três etapas:

Na **primeira**, você vai pegar um papel ou um gravador de voz e escrever ou gravar a sua história de vida, dando destaque para esses momentos marcantes ao longo da história. Não pense muito, apenas coloque para fora o roteiro da sua vida.

Alguns eventos podem ser importantes para outras pessoas, mas não para você. Por exemplo, meus pais se divorciaram e isso não mudou em nada o que sou nem foi um evento marcante. Na época, eu tinha 25 anos e não mudou nada na minha vida. Porém, para outras pessoas, o divórcio dos pais pode ter um significado maior. Se aconteceu com você quando era criança, foi traumático, cheio de brigas entre os pais, se precisou escolher ficar com um ou com outro, não fala com algum deles, acredito que deva estar na sua linha do tempo.

No entanto, quando me mudei em definitivo para os Estados Unidos, eu tive muita dificuldade de me sentir parte do novo lugar. Eu me sentia deslocada, precisava de algumas validações. E uma das coisas que tem um peso muito importante para mim é como me vejo em relação ao trabalho. Sempre coloquei o trabalho como prioridade e percebi que, nesse processo de mudança, talvez eu pudesse reavaliar quanto deveria colocar valor em mim mesma por causa de trabalho. Percebi que pertencer a um novo país não era necessariamente ligado somente ao trabalho, mas como construir uma rede de relacionamentos local. Esse processo também me levou a pensar sobre as minhas próprias inseguranças e a buscar a raiz delas para que eu pudesse ressignificá-las.

Coloque quantos pontos quiser, em ordem cronológica. Coloque a sua idade na época, o ano, o fato e o porquê foi importante.

Depois de registrar sua história de vida, você vai para a **segunda etapa:** um mergulho além da superfície. Para isso, quero que observe o iceberg na figura a seguir e imagine que a ponta dele é você no seu dia a dia, é a versão inicial do seu roteiro de vida. Mas, depois da superfície, tem muito mais coisas. E quero que você analise como os fatos que você destacou no seu texto ou na gravação de áudio têm a ver com a sua visão de mundo, valores e percepções sobre si mesmo, os outros e o mundo.

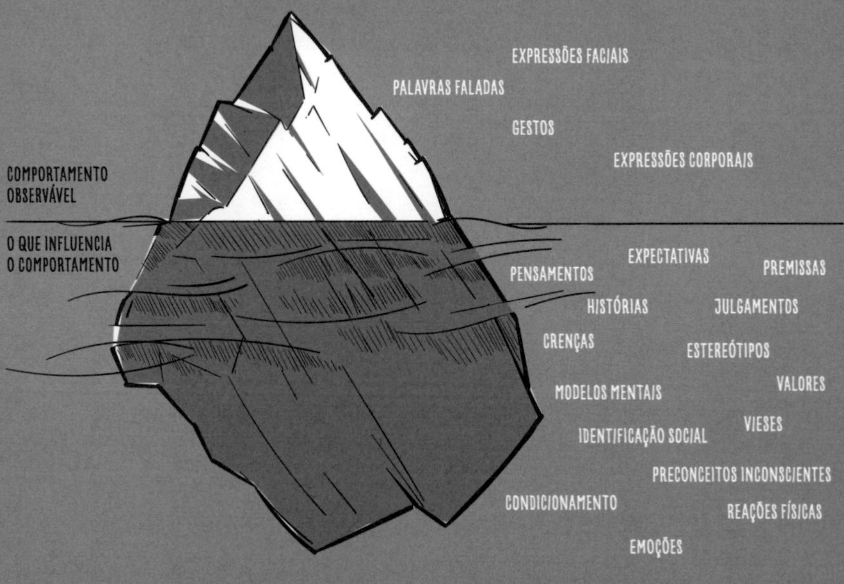

Quando refleti sobre a minha dificuldade de me adaptar no início da transição definitiva para os Estados Unidos, vi que eu tinha algumas crenças, como "só tem valor quem tem um trabalho reconhecido" e "este lugar nunca será minha casa". Mas eu aprendi a questionar essas convicções. Além disso, tive que rever alguns vieses em relação à cultura estadunidense. Pensava que não se alimentavam bem ou que eram extremamente grosseiros. Entendi que isso não é uma verdade válida para todos. Muitas pessoas da Califórnia, onde vivo, têm dietas saudáveis, e a grosseria se transformou em objetividade quando entendi um pouco mais da cultura do país.

Depois de fazer o mapeamento do que esses momentos marcantes influenciaram na sua percepção de si mesmo, você partirá para a **terceira** e última etapa do exercício: o que você quer ressignificar? Quais são os aspectos em si mesmo que você deseja transformar?

Registre sua reflexão final e a mantenha próxima de si para que, diariamente, você possa se reconectar consigo mesmo e melhorar seu nível de consciência.

CONSCIÊNCIA DO NÓS E DO MUNDO: PERGUNTAS PARA SE FAZER ANTES DE TOMAR UMA DECISÃO

Eu já disse que, ao ter mais consciência de nós mesmos, também nos tornamos capazes de ter mais consciência sobre os outros e o mundo. Assim, tomamos melhores decisões. Então, agora que você já mergulhou em si e descobriu as origens de alguns padrões de comportamentos e crenças, quando estiver diante de uma decisão importante, recomendo que faça uma breve checklist, uma ferramenta que ajudará você a ampliar sua consciência.

- O QUE ESTÁ ACONTECENDO AGORA?
- O QUE É IMPORTANTE SOBRE ESSE ACONTECIMENTO PARA O MEU CONTEXTO?
- COMO ISSO AFETA OS NEGÓCIOS E A MINHA LIDERANÇA?
- COMO PODE ESTAR AFETANDO O MEU TIME?
- O QUE ESTOU SENTINDO E PENSANDO A RESPEITO DESSE ACONTECIMENTO?
- COMO EU POSSO ESTAR ERRADO?
- JÁ VIVENCIEI ALGO PARECIDO?

Depois de passar por essas questões, você conseguirá ter uma boa visão do todo e de como o acontecimento ou a decisão que está prestes a tomar influenciará as suas relações.

Líderes conscientes reconhecem emoções, sentimentos, ações e comportamentos, e entendem como esse conjunto de características **impacta** as pessoas ao redor.

@TONIACASARIN

CAPÍTULO 5

CUIDADO: A LIDERANÇA COMO PROCESSO DE CUIDAR DOS OUTROS NO DIA A DIA DAS ORGANIZAÇÕES

"AS PESSOAS NÃO VÃO SE IMPORTAR COM O QUE VOCÊ SABE, ATÉ QUE SAIBAM O QUANTO VOCÊ SE IMPORTA."
THEODORE ROOSEVELT

Era junho de 2020 e a atenção das pessoas ao redor do mundo estava voltada para os noticiários. Naquele tempo, o covid-19 era o inimigo a ser combatido e, por mais que alguns países procurassem maneiras de diminuir a incidência de contaminação, a tarefa parecia quase impossível. No meio desse caos, uma notícia chamou a atenção. A Nova Zelândia conseguira erradicar os casos ativos de covid-19 no país três meses após o início da pandemia.[60] Mesmo que a situação fosse momentânea, o comunicado era animador. Por trás dele, tinha um nome: Jacinda Ardern, a primeira-ministra do país.

Desde que a OMS decretou a emergência mundial, ela se posicionou de maneira determinada e objetiva, propondo medidas como a quarentena obrigatória de quatro semanas que excluiu apenas trabalhadores de setores essenciais; o fechamento das fronteiras em 19 de março de 2020, quando o país tinha apenas 28 casos confirmados da doença; e a compra de vacinas para toda a população neozelandesa e outros lotes excedentes para serem doados para países vizinhos, como Toquelau, Ilhas Cook, Niue e Samoa, na tentativa de barrar a proliferação do vírus.[61] Sua insistência deu certo. Tanto que a Nova Zelândia foi considerada o país que melhor soube enfrentar a crise do coronavírus, de acordo com uma pesquisa comandada pela

---

60 CARVALHO, P. Quem é Jacinda Ardern, premiê da Nova Zelândia. **CNN Brasil**, 8 jun. 2020. Disponível em: https://www.cnnbrasil.com.br/internacional/quem-e-jacinda-ardern-premie-da-nova-zelandia/. Acesso em: 5 mar. 2022.

61 NOVA Zelândia compra vacinas a mais e vai doá-las a outros países. **Exame**, 20 dez. 2020. Disponível em: https://exame.com/mundo/nova-zelandia-compra-vacinas-a-mais-e-vai-doa-las-a-outros-paises/. Acesso em: 5 mar. 2022.

consultoria Brand Finance.[62] Para chegar a essa conclusão, foram analisados três aspectos: estímulo à economia, esforço para colaborar com outras nações no combate ao vírus e o cuidado com a saúde e o bem-estar dos cidadãos.

A gestão da crise é só uma das faces de Jacinda que chama a atenção. Ela já deu indícios em outros momentos de como uma líder do futuro se comporta. Por exemplo, quando levou a filha de três meses a uma reunião da Organização das Nações Unidas (ONU), em Nova York. E, enquanto ela discursava no palco, seu marido, Clarke Gayford, cuidava da criança na plateia. Outro destaque de Jacinda foi sua reação empática às famílias das vítimas do ataque terrorista contra as mesquitas de Christchurch, em março de 2019. Ela se negou a dar holofotes para o autor do atentado e, no lugar, deu atenção às famílias enlutadas e aos membros da comunidade muçulmana, fazendo parte de um grupo multipartidário para visitá-los.[63] Esses comportamentos parecem simples, mas são raros e revelam muito do modelo de liderança que a primeira-ministra representa.

Em todas essas situações, Jacinda Ardern demonstrou **cuidado**. E foi esse cuidado – com o eu, o nós e o mundo – que fez seu trabalho se destacar. Com o eu, quando engravidou mesmo estando no cargo de primeira-ministra, algo que só havia acontecido nos anos 1990 no país, e levou a filha à reunião da ONU. Com o nós, quando acolheu as vítimas da mesquita e quando fechou o país para deter a propagação do covid-19, mesmo sob críticas. E com o mundo, quando se preocupou em doar vacinas aos países vizinhos.

A liderança não tem a ver só com a posição que você ocupa em uma estrutura organizacional, mas sim com a habilidade de demonstrar que se preocupa e cuida de quem está ao seu redor.

62 YOSHIDA, E. Nova Zelândia é o país que melhor lida com a covid-19, diz pesquisa global. Exame, 23 dez. 2020. Disponível em: https://exame.com/mundo/nova-zelandia-e-o-pais-que-melhor-lida-com-a-covid-19-diz-pesquisa-global/. Acesso em: 5 mar. 2022.

63 MANTOVANI, F. Primeira-ministra da Nova Zelândia vira símbolo de empatia por reação a massacre. Folha de S. Paulo, 19 mar. 2019. Disponível em: https://www1.folha.uol.com.br/mundo/2019/03/premie-da-nova-zelandia-vira-simbolo-de-empatia-por-reacao-a-massacre.shtml. Acesso em: 5 mar. 2022.

Por isso, cuidado é o segundo C que apresento neste livro. Tanto um país, como a Nova Zelândia, quanto uma empresa têm uma característica muito importante em comum: são organismos vivos. Uma empresa, apesar do clima competitivo e da necessidade de lucro, é formada por pessoas, seres humanos que têm sentimentos, família, hobbies, ou seja, uma vida fora daquele ambiente corporativo. O trabalho é apenas uma parte do que elas fazem durante o dia. Diante disso, a liderança é o processo de cuidar dos outros enquanto as metas organizacionais são alcançadas.

MAS O QUE É CUIDAR?

Cuidar é dar atenção a você mesmo e ao outro, mantendo todos conectados. Como Simon Sinek diz, "escolher ser um líder significa escolher cuidar daqueles ao nosso redor".[64] Não basta ser o líder carismático ou aquele que conversa com todos e abre um sorriso diariamente. Vai além disso. É aquele que consegue transmitir para a pessoa que está do outro lado o quanto ela é importante para o grupo, o quanto é ouvida, dando-lhe segurança para que se desenvolva como profissional. E entendendo que *todos precisam ser cuidados*. Afinal, cuidar não significa dar assistência, mas mostrar que se importa com as pessoas que estão com o líder e que todos estão em uma mesma jornada.

Isso me lembra de quando fui trainee em uma empresa de telecomunicações e tive um líder muito cuidadoso. Ele me ouvia, entendia as minhas necessidades e, a partir dali, sabia extrair o melhor de mim para que eu mesma me desenvolvesse. No fim de tudo, o que eu sentia não era o peso ou a insegurança de precisar aprender coisas novas para desempenhar as funções previstas para o meu cargo, arcar com os desafios que estavam à frente ou me desenvolver a qualquer custo, mas sim a sensação de acolhimento. Saber que eu poderia contar com a liderança para me ajudar a navegar pelos desafios sem

64 SIMON Sinek em: https://www.linkedin.com/feed/update/urn:li:activity:6892124394336923648/. Acesso em: 24 fev. 2022.

Liderança é
o processo
de cuidar
dos outros
enquanto as metas
organizacionais
são alcançadas.

@TONIACASARIN

medo de expor medos e vulnerabilidades me deu segurança para agarrar aquela oportunidade. O que é mais interessante nessa história é que a empresa em si não tinha essa cultura de cuidado, porém o empenho individual do gestor fez a diferença naquele momento da minha carreira. Nos Estados Unidos, esse tema é chamado de *caring leadership*, algo como **liderança que cuida**. O termo é usado para qualificar aquelas pessoas que se preocupam não apenas com o sucesso da empresa, mas também com o bem-estar dos colaboradores.

Agora, eu quero que você volte seu olhar para as suas experiências pessoais e reflita sobre algumas perguntas:

- VOCÊ ENCONTROU LÍDERES E MENTORES GENUINAMENTE CUIDADOSOS AO LONGO DA SUA CARREIRA? QUAL FOI O MAIOR IMPACTO DESSAS PESSOAS PARA QUE VOCÊ PUDESSE CRESCER PROFISSIONALMENTE?
- A SUA RELAÇÃO COM OUTROS COLEGAS DE TRABALHO É PAUTADA EM APOIO E CUIDADO UNS COM OS OUTROS?
- ATUALMENTE VOCÊ ATUA EM UM AMBIENTE CUJA CULTURA VALORIZA O CUIDADO COM AS PESSOAS?
- SUAS AÇÕES NO DIA A DIA REFLETEM O COMPORTAMENTO DE UM LÍDER CUIDADOSO, QUE ACOLHE AS VULNERABILIDADES DAQUELES AO REDOR, OFERECENDO SEGURANÇA E ORIENTAÇÕES CLARAS PARA QUE SUPEREM OS DESAFIOS JUNTOS?

Uma cultura do cuidado afeta a moral, o engajamento, a retenção e a produtividade dos times e, consequentemente, tem um impacto significativo no alcance dos objetivos de uma organização. O cuidado começa com os principais líderes e permeia toda a empresa, envolvendo colegas de trabalho que fornecem apoio e empatia uns pelos outros. Assim, uma empresa que abraça o cuidado fomenta conexões e conversas entre os colaboradores, entende os erros como momentos de aprendizado, trabalha por um local positivo e foca os pontos fortes individuais e da equipe.

Mas por que o cuidar ainda não é aplicado pelos gestores? Por que ainda existem profissionais que deixam de lado a sensibilidade de olhar para o outro? Durante muito tempo essas perguntas me incomodaram e eu busquei respostas para elas. Depois de estudar o assunto, cheguei à conclusão de que o problema está na imposição de uma visão mecanizada do trabalho.

MECANIZAÇÃO E CULTURA DO CUIDADO

Quando você opera uma máquina, ela vai funcionar sempre da mesma maneira obedecendo ao comando recebido. Acontece que, diferentemente das máquinas, o ser humano não segue esse padrão previsível. Por trás de cada funcionário que recebe uma ordem para realizar certa tarefa ou que se prepara todos os dias para trabalhar existe um ser que tem uma história de vida atual e pregressa que influencia o seu comportamento. E, obviamente, impacta o desempenho no trabalho.

Um colaborador excepcional pode ter momentos de queda da produtividade, por exemplo, se algo não está bem na sua casa. Se há um problema além da empresa que precisa ser resolvido, por mais que essa pessoa queira manter o padrão de entrega, sua energia emocional está dividida e, portanto, é claro que a performance não será a mesma. Uma cultura mecanizada, neste exemplo, não se preocupa em entender o que aconteceu. Analisa apenas o relatório final: esse colaborador entregava X, agora está entregando Y e isso não é aceitável. As conversas, quando elas acontecem, apenas colocam mais pressão nos ombros do indivíduo. E daí é fácil imaginar uma ruptura: o colaborador se vê com uma carga de estresse difícil de suportar, o que impacta negativamente a saúde dele e as relações pessoais e profissionais. O ciclo de insatisfação aumenta, podendo chegar à perda de um grande talento.

Na contramão, uma liderança cuidadosa se aproxima desse colaborador não para cobrar a performance, mas para entender o que está acontecendo que tem bloqueado a capacidade de execução. Ao entender o que se passa além da empresa, essa liderança, justamente por reconhecer todo o potencial do colaborador e a importância dele para a empresa, traça em conjunto um plano para que o trabalhador consiga readequar suas atividades naquele momento. Assim, com mais tranquilidade, ele poderá resolver o que precisa ser revolvido e, depois, retomar sua performance – que, pode ter certeza, será ainda melhor depois de ter encontrado apoio e segurança.

Quando existe uma cultura de cuidado, cria-se um espaço de confiança (vamos falar mais sobre essa competência no próximo capítulo) que ajuda as pessoas a crescerem e entregarem resultados cada vez melhores. E o que esses líderes fazem é mostrar que se importam. Esse senso de cuidado deveria permear toda a organização. Afinal, se o que faz uma empresa funcionar são os colaboradores, então não dá para simplesmente deixar o cuidado de lado.

Mas a cultura do cuidado, muitas vezes, é negligenciada. O americano Bob Chapman, CEO de empresas e um dos autores do livro *Todos são importantes*,[65] diz que o sistema em que vivemos não cria lideranças para cuidar de liderados, e que esse problema é resultado da ausência de um aprendizado sobre habilidades comportamentais e de liderança humana desde a faculdade. Assim, o sucesso para esses profissionais está no valor econômico de suas ações dentro das organizações, ou seja, na obtenção de resultados positivos e lucros. É o que Chapman chama de sucesso econômico. O problema é que isso não é acompanhado pelo sucesso humano, com o cuidado integral das pessoas e o bem-estar delas, em um local no qual elas se sintam valorizadas, cuidadas, saibam quem são e tenham consciência de que importam. Ele alerta que as lideranças precisam lembrar que têm um impacto profundo na vida dos liderados e que pessoas que se sentem genuinamente cuidadas se importam uns com os outros,[66] como já falamos neste capítulo.

65 CHAPMAN, B.; SISODIA, R. **Todos são importantes**: O extraordinário poder das empresas que cuidam das pessoas como gente, e não como ativos. Rio de Janeiro: Alta Books, 2020.

66 HONORATO, L. "Sistema não cria líderes para cuidar dos liderados", diz CEO. **Estadão**, 6 nov. 2021. Disponível em: https://economia.estadao.com.br/noticias/sua-carreira,-sistema-nao-cria-lideres-para-cuidar-dos-liderados-diz-ceo,70003888339. Acesso em: 20 mar. 2022.

O CUIDADO E O EU, O NÓS E O MUNDO

Assim como acontece com a consciência, o cuidado passa também pelo autoconhecimento e pela vontade de se tornar melhor para si e para o outro. E nesse processo não há outra maneira a não ser olhar para dentro de si mesmo. Quando nos enxergamos de verdade, nos tornamos autênticos e sinceros conosco e, portanto, estamos preparados para o desafio do cuidar. **Não há como cuidar dos outros sem antes cuidar de si mesmo.** Lembra-se das orientações de segurança que recebemos no avião antes da decolagem? Primeiro, coloque a máscara de oxigênio em você e somente depois em quem está ao seu lado. Você precisa se priorizar.

Esse tema é tão importante que a OMS decretou 24 de julho como o Dia Internacional do Autocuidado,[67] para incentivar melhores atitudes em relação à saúde física e mental. A escolha da data 24/7 não é à toa: refere-se à necessidade do cuidado ser feito 24 horas por dia, sete dias por semana, ou seja, são atitudes diárias.

Mas o que eu vejo é que muitos gestores, na ânsia de ascender a cargos cada vez mais altos, negligenciam o autocuidado, entregando-se a extensas horas de trabalho e chegando quase ao limite da exaustão. A justificativa é sempre a mesma: "Estou buscando alcançar o topo" ou "Busco algo que sempre almejei". Nessa rotina, não há espaço para fazer uma atividade física, praticar alguns minutos de meditação ou simplesmente ir ao médico. Muito menos para olhar para si mesmo, para o seu interior e suas vontades fora do escritório. O que esses profissionais não veem é que, a longo prazo, estão criando um ambiente perigoso para eles mesmos.

No documento *Stress and Its Relationship to Leadership and a Healthy Workplace Culture*, os pesquisadores americanos David Ross, Julie Exposito e Tom Kennedy explicam que curtos momentos de

---

67 SELF-CARE month. World Health Organization. Disponível em: https://www.who.int/news-room/events/detail/2022/06/24/default-calendar/self-care-month. Acesso em: 20 de mar. 2022.

estresse, como aquele causado por uma reunião ou por um planejamento que precisa ser entregue no prazo, podem liberar neurotransmissores e hormônios que ajudam a ter mais foco. Porém, quando os momentos de estresse se prolongam, acabam afetando a função desses mesmos neurotransmissores e hormônios, o que resulta na diminuição da capacidade cognitiva e na alteração do estado emocional. O resultado: uma paralisia temporária na tomada de decisão e a incapacidade de funcionar como líder.[68]

E se não funciona como líder, como vai lidar com o time? O efeito gota que começou no eu, chega dessa maneira ao nós. Por isso, não há como se autonegligenciar. O líder que se importa consigo terá esse mesmo cuidado com o time. E não adianta se autointitular "cuidador do seu time", pois as pessoas que se reportam a um profissional cuidador sentem rapidamente o impacto positivo de tais ações no dia a dia e são elas quem lhe reconhecerão como tal.

Líderes cuidadosos possuem genuíno interesse nos outros e conhecem seus colaboradores a ponto de conseguirem personalizar a experiência de cada um dentro da jornada profissional. O cuidar também envolve conhecer o outro a ponto de perceber, pelas suas expressões faciais ou por um comportamento diferente, por exemplo, se está tudo bem com o colaborador e, a partir da resposta, tomar atitudes que ajudem o indivíduo.

Uma vez, depois de uma reunião, um gestor veio falar comigo e disse que eu estava mais quieta do que o normal. Ele me conhecia bem e sabia que eu geralmente fazia muitas perguntas e expunha meus pontos de vista. O gestor percebeu o meu comportamento diferente e se mostrou genuinamente interessado em saber se estava tudo bem comigo. Isso é cuidar do colaborador.

Vamos a outro exemplo. Como falei no início deste capítulo, a liderança cuidadosa se importa de maneira verdadeira com a sua equipe

68 EXPOSITO, J.; KENNEDY, T.; ROSS, D. Stress and Its Relationship to Leadership and a Healthy Workplace Culture. In: Occupational Stress: Breakthroughs in Research and Practice, 2020. Disponível em: https://www.igi-global.com/chapter/stress-and-its-relationship-to-leadership-and-a-healthy-workplace-culture/240305. Acesso em: 22 mar. 2022.

e sabe que todos possuem uma vida fora do escritório. Isso não pode ser negligenciado. Assim, liberar o colaborador no aniversário do filho, perguntar como foi a consulta médica ou se ele precisa de alguma ajuda, incentivá-lo a passar momentos de lazer com a família, valorizar e respeitar os momentos de descanso são atitudes tão importantes quanto parabenizá-lo quando a meta do mês é superada.

O técnico de futebol americano Bruce Arians, conhecido pela atuação no Tampa Bay Buccaneers, time da NFL, principal liga dos Estados Unidos, impõe aos seus jogadores uma regra da qual não abre mão: que eles não percam nenhum evento dos filhos. Seja uma apresentação da escola, um jogo pelo time da escola ou uma festa de aniversário. O assunto é levado tão a sério que ele diz que "os demitiria se eles perdessem os eventos dos filhos". Ele criou essa regra depois de uma experiência que teve anos atrás, enquanto ainda era jogador de outra equipe de futebol americano, em que ausentar-se de um treino ou da concentração era proibido. A regra era muito rígida. Porém, queria ir a um dos jogos do seu filho e, para isso, precisou contar com a ajuda do coordenador para fugir da concentração durante algumas horas. "Essas coisas significam muito para os seus filhos e também significam para você. Nos jogos em que eu vi meu filho atuar, eu sei que ele se sentiu diferente. E eu não quero que os meus jogadores percam isso. Essas crianças não ficarão lá para sempre. Elas vão crescer e desaparecer", disse ele em uma entrevista a uma rádio americana.[69]

Esse time ganhou o Super Bowl e foi campeão da NFL em 2021. Para estar na principal liga de futebol americano, é preciso muita dedicação e horas de treino. Mas, para Bruce Arians, a família é prioridade, mesmo no trabalho. Isso também é cuidar do nós.

E quando o cuidado reverbera no mundo? Uma liderança dedicada acredita que a organização deve ser lucrativa como forma de

69 DAVIS, S. Bucs coach Bruce Arians says he told his staff he would fire them if they miss their kids' events because 'Those years don't come back'. **Insider**, 5 ago. 2019. Disponível em: https://www-businessinsider-com.cdn.ampproject.org/c/s/www.businessinsider.com/bruce-arians-fire-bucs-coaches-missing-kids-events-2019-8?amp. Acesso em: 5 maio 2022.

contribuir com a sociedade, enquanto muitas outras lideranças procuram maneiras pelas quais a sociedade pode ajudar a tornar a organização mais lucrativa. Isso acontece quando uma empresa que já se preocupa com o nós enxerga quanto a sua participação em uma sociedade é importante e passa também a externar a cultura de cuidado.

A cultura do ESG, do inglês *environmental, social and governance* (ambiental, social e governança, em português), é uma maneira de as empresas mostrarem o seu comprometimento com o cuidado do mundo, apresentando o quanto se comprometem com as melhores práticas ambientais, sociais e de governança no negócio. São empresas que querem mostrar que estão ligadas em cuidar não apenas do fluxo de caixa, pois possuem um propósito maior em seu DNA.

Se engana quem pensa que construir um mundo mais sustentável ou ter bons resultados financeiros em uma empresa são escolhas mutuamente excludentes. Cuidar do meio ambiente, ter responsabilidade social e adotar as melhores práticas de governança são, na verdade, fatores que ajudam no balanço das empresas – e esse é um dos motivos pelos quais termos como o ESG tenham se tornado populares.

Segundo a organização Pacto Global, a sigla ESG surgiu pela primeira vez em 2004 em uma publicação do Pacto Global com o Banco Mundial, intitulada *Who Cares Wins* [Ganha quem se importa].[70]

Nessa época, cinquenta CEOs de nove países diferentes, incluindo o Brasil, foram provocados pelo então secretário-geral da ONU, Kofi Annan, a desenvolver diretrizes e recomendações sobre como incluir questões ambientais, sociais e de governança no mercado de capitais. A intenção era gerar mercados mais sustentáveis e melhores resultados para a sociedade. Cada letra envolve uma série de iniciativas:

- E (*environmental* ou ambiental, em português): refere-se às práticas de uma empresa em relação à conservação do meio ambiente e sua atuação sobre temas globais como aquecimento

70 PACTO Global Rede Brasil. **ESG**. Disponível em: https://www.pactoglobal.org.br/pg/esg. Acesso em: 15 abr. 2022.

global, emissão de carbono, poluição do ar e da água, biodiversidade, desmatamento, eficiência energética, gestão de resíduos e escassez de água.

- **S (social):** refere-se à relação da empresa com as pessoas que fazem parte do seu cotidiano. Engloba satisfação dos clientes, proteção de dados e privacidade, diversidade, engajamento dos funcionários, relacionamento com a comunidade, respeito aos direitos humanos e leis trabalhistas.
- **G (*governance*, ou governança, em português):** refere-se à administração da empresa. Neste caso, chama a atenção para a composição do conselho, estrutura do comitê de auditoria, conduta corporativa, remuneração dos executivos, relação com entidades do governo, implementação de um canal de denúncias, entre outros fatores.

Atuar de acordo com esses padrões amplia a competitividade do setor empresarial e é essencial hoje para a tomada de decisão dos investidores. Tanto que o ESG já é prioridade em muitas empresas. A previsão da Bloomberg Intelligence, a divisão de pesquisas da Bloomberg, é que em 2025 os ativos financeiros associados a esses critérios superem 53 trilhões de dólares, o que representa mais de um terço do total de 140 trilhões que são administrados no mundo.[71]

Olhar para ESG não é só uma obrigação e uma resposta à mudança de comportamento do consumidor, que passa a ser mais exigente, mas também à conscientização do papel dele como agente ativo de um mundo melhor para todos. É o que faz a Patagonia, marca norte-americana de moda esportiva para atividades ao ar livre, que muito antes de se falar de ESG já implementava medidas que mostravam sua preocupação com o ecossistema. Assim, quem trabalha na empresa tem um fim de semana de três dias a cada duas semanas e folga na segunda sexta-feira do mês. Além disso, ao completar um ano de

71 ESG assets may hit $53 trillion by 2025, a third of global AUM. **Bloomberg**, 23 fev. 2021. Disponível em: https://www.bloomberg.com/professional/blog/esg-assets-may-hit-53-trillion-by-2025-a-third-of-global-aum/. Acesso em: 10 maio 2022.

empresa, o colaborador pode pedir até dois meses de afastamento remunerado para ser voluntário em alguma organização ou projeto ambiental ao redor do mundo. Quer mais? Caso se envolva em algum protesto pacífico a favor do meio ambiente e seja preso, a Patagonia paga a fiança do colaborador.[72] A empresa também criou um programa de licença-maternidade e paternidade estendido, creches nos locais de trabalho e incentiva que os pais brinquem com os seus filhos durante o horário de expediente.

Aliás, o cuidado com o meio ambiente vai além das práticas da própria empresa. Desde 1985, 1% das vendas da empresa é revertido para preservação e restauração do meio ambiente por meio de um movimento chamado 1% for the Planet. Até 2020, a empresa somava 225 milhões de dólares doados a grupos ambientais engajados em fazer a diferença em suas comunidades.[73] E ainda incentiva outras empresas a se juntarem a esse movimento.[74]

A empresa ainda prega o combate ao consumismo – ficou famosa mundialmente ao publicar um anúncio pedindo que as pessoas não comprassem seus produtos *(Don't Buy This Jacket*, em português "Não compre essa jaqueta") – e aceita roupas usadas dos clientes como parte do pagamento de novos produtos. Esse material é reciclado e transformado em outros produtos para a venda.

Isso significa que ela tem prejuízo? Claro que não. Mesmo com todas essas ações, a Patagonia quadruplicou seu tamanho em dez anos e fatura cerca de 1,2 bilhões de dólares por ano. E eu não preciso dizer que sou fã da marca.

---

72 ANDERSON, B. 5 'Ridiculous' Ways Patagonia Has Built A Culture That Does Well and Does Good. **LinkedIn**, 27 set. 2019. Disponível em: https://www.linkedin.com/business/talent/blog/talent-connect/ways-patagonia-built-ridiculous-culture. Acesso em: 10 abr. 2022.

73 BERTOLLOTO, R. Empresa campeã da Terra critica consumismo e deixa executivos sem bônus. **UOL**, 21 out. 2020. Disponível em: https://www.uol.com.br/ecoa/ultimas-noticias/2020/10/21/empresa-campea-da-terra-critica-consumismo-e-deixa-executivos-sem-bonus.htm. Acesso em: 10 mar. 2022.

74 1% FOR the Planet. **Patagonia**. Disponível em: https://www.patagonia.com/one-percent-for-the-planet.html. Acesso em: 10 abr. 2022.

CUIDADO:
um convite para colocar essa competência em prática

Até aqui você entendeu como é importante o cuidado. Proponho os exercícios abaixo para começar a praticar o cuidado do eu, do nós e do mundo. Eles são como um pontapé para esse novo líder que você está se tornando:

PRATIQUE O AUTOCUIDADO

Não há como cuidar do outro sem antes cuidar daquilo que o afeta. Lembre-se: ninguém sabe cuidar melhor de você do que você mesmo. Assim, o primeiro exercício deve reforçar o seu autocuidado.

Faça uma lista das dez coisas que você mais ama fazer. Pode ser qualquer coisa! Na minha lista tem: viajar, ler, tomar chá, correr, fazer crossfit, encontrar amigos. O objetivo é incorporar essa lista dos dez prazeres no seu dia a dia.

Claro que não dá para encaixar "viajar" no meu cotidiano, mas consigo tomar chá, ler, correr e fazer crossfit! Muitos médicos aqui no Vale do Silício já recomendam essa atividade para melhorar o bem-estar dos pacientes. Simples e eficiente!

TRÊS COMPROMISSOS DA LIDERANÇA CUIDADOSA

1. **Pratique a escuta ativa.** Essa prática demonstra o interesse genuíno pelo outro, principalmente o seu time. Assim, você consegue estabelecer uma cultura de escuta. Converse, faça perguntas para quem trabalha ao seu lado, interesse-se pelo que cada pessoa faz fora da empresa. Não precisa ser nada formal, aliás, melhor ainda se o tom for de bate-papo. Preocupe-se para que, nas reuniões, todos tenham espaço para usar sua voz:
   a. Ouça com atenção as respostas e pergunte caso tenha ficado com alguma dúvida ou precise de algum esclarecimento;
   b. Evite interromper as falas e seja o último a se manifestar, demonstrando que ouvir é prioridade para você.

2. **Crie um espaço seguro para que as pessoas do time possam pedir ajuda.** Esses rituais mostram que não sabemos tudo e, como time, cuidamos uns dos outros. Pergunte também como está a carga de trabalho das pessoas e ajude-as a priorizar entregas ou redistribuir tarefas.

3. **Influencie os programas de bem-estar e saúde da empresa,** levando dados sobre carga de trabalho do seu time, sensação de bem-estar e burnout. Seja um agente que traz propostas de como a companhia pode melhorar o ambiente de trabalho e analise boas práticas de outras organizações que possam ser usadas como referência.

Não há como se autonegligenciar. O líder que se importa consigo terá esse mesmo cuidado com o time.

@TONIACASARIN

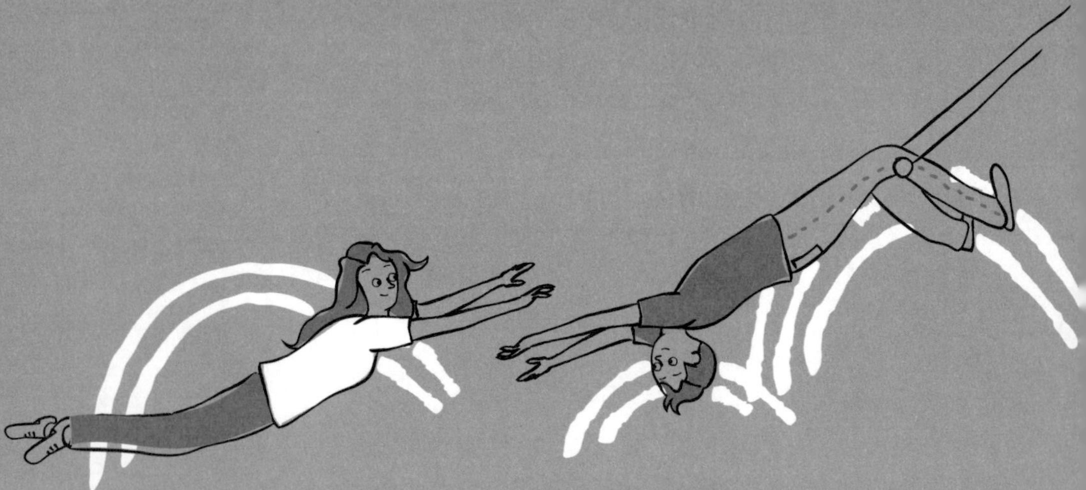

CAPÍTULO 6

CONFIANÇA: ACREDITAR NO POTENCIAL E NAS HABILIDADES DE SI MESMO E DO TIME

"CONFIANÇA É A COLA DA VIDA. É O INGREDIENTE MAIS ESSENCIAL NA COMUNICAÇÃO EFICAZ. É O PRINCÍPIO FUNDAMENTAL QUE MANTÉM TODOS OS RELACIONAMENTOS."

STEPHEN R. COVEY

A confiança é um pilar fundamental para a vida em sociedade. É a base de quase tudo o que fazemos como pessoas civilizadas. É a razão pela qual estamos dispostos a trocar nosso dinheiro por bens e serviços oferecidos por outras pessoas ou empresas, vincular nossa vida à de outra pessoa em casamento e votar em alguém que representará nossos interesses como cidadãos. Contamos com leis e contratos como redes de segurança, mas mesmo eles são construídos com base na confiança nas instituições que os aplicam. Por isso, ela é um vínculo que leva tempo para ser construído, exige disponibilidade de todos os envolvidos e se fortalece nos pequenos momentos de interação. Não existe um único e grande momento em que duas partes definem que confiam uma na outra. Ao contrário, a confiança se dá pela consistência dessa relação que, a cada encontro, pode ou não se mostrar de fato merecedora da confiança mútua.

Pense em um ambiente profissional: as pessoas que estão ali reunidas possuem personalidades e histórias de vida diferentes e precisam trabalhar juntas no mesmo objetivo. Para mim é muito claro que só existe uma maneira de conseguir uni-las como um time: reforçando a confiança entre todas elas. Elas precisam confiar em seus pares, líderes e, por fim, na organização como um todo para que se vejam como parte da equipe no longo prazo.

Além disso, a confiança é a porta de entrada para a influência, característica fundamental na liderança – principalmente no mundo digital, em que trabalhar em equipe já não significa estarem todos no mesmo espaço físico. O trabalho remoto exige que a liderança saiba influenciar positivamente as pessoas. E essa conexão só acontece quando a confiança existe.

Trabalhar em um ambiente de alta confiança melhora o engajamento, o bem-estar e a segurança psicológica dos indivíduos (falaremos mais sobre esse tema nas próximas páginas), com impacto inclusive nos índices de rotatividade de colaboradores. Essa confiança cria uma crença compartilhada de que a liderança é comprometida e compassiva, é capaz de estar naquela posição e fará o melhor para todos os membros da equipe.[75]

Uma liderança que confia em seu time crê que todas as ações e iniciativas são bem-intencionadas. Marco Tulio Zanini, especialista em desenvolvimento de confiança nas empresas, quando o entrevistei em abril de 2021, disse o seguinte: "A confiança se constrói entre as pessoas como um redutor de incerteza das expectativas. É um antídoto para lidar com um cenário de incertezas".

A confiança ainda traz um elemento a mais para essa conexão entre liderança e time: a certeza de que o erro não é sentença para punição. Equipes em um ambiente de confiança não têm medo de errar nem admitir o erro, pois sabem que ele pode ser usado como um aprendizado – já falamos sobre isso neste livro. Já nas empresas em que os colaboradores sentem falta de confiança, os erros são encobertos, não há espaço para discutir com sinceridade sobre os problemas e, por fim, fica mais difícil encontrar soluções que realmente serão efetivas.

Foi o que aconteceu na Ford estadunidense, segundo relata Simon Sinek no livro *O jogo infinito*.[76] Ele conta que, em 2006, ao assumir o cargo de CEO da companhia, Alan Mulally – conhecido como o executivo mais poderoso do mercado automotivo –, estranhou o fato de que em todas as reuniões os diretores só apresentavam números ou ações positivos. Mas ele sabia que a empresa passava por problemas sérios e que havia a

75 REDDINGTON, R. How leadership trust guides high-performing teams. **BetterUp**, 22 fev. 2022. Disponível em: https://www.betterup.com/blog/leadership-trust. Acesso em: 29 jun. 2022.

76 SINEK, S. *op. cit.*

possibilidade de perderem bilhões de dólares naquele ano. Mulally, então, descobriu que o antigo CEO tinha o hábito de repreender, humilhar e até demitir pessoas que traziam más notícias. Com o tempo, o time ficou condicionado a esconder áreas problemáticas ou metas financeiras perdidas, por medo. Na sua gestão isso não poderia acontecer, pois sabia que essa atitude só pioraria a situação. Ele precisaria reverter a cultura da desconfiança e fortalecer a confiança da sua equipe.

A solução encontrada foi incentivar que, nas reuniões semanais, os diretores trouxessem as notícias ruins. Não foi na primeira nem na segunda reunião que isso aconteceu, mas Mulally persistiu. Até que um dos executivos se sentiu seguro e mostrou um número negativo. Para o alívio do colaborador, o CEO comemorou a notícia com uma salva de palmas. Aos poucos, os demais executivos começaram a abrir os problemas até que chegou um momento em que todos discutiam abertamente os obstáculos que estavam enfrentando. Além de insistir muito, a ação de Mulally teve sucesso porque ele tratou de despersonalizar os desafios. Para ele, só porque alguém *tem* um problema não significa que aquela pessoa *seja* o problema.

Para construir essa confiança, Mulally não deu espaço para exigências ou imposições. No lugar, criou condições e um ambiente seguro para que os outros se sentissem tranquilos e acolhidos, mostrando estar alinhado com as pessoas e não somente com o lucro da empresa.

A SEGURANÇA PSICOLÓGICA

Incentivar para que trouxessem os problemas foi a alternativa encontrada pelo CEO da Ford para fortalecer a confiança da equipe, mas há outras maneiras de construir esse legado. Charles Feltman, autor do livro *The Thin Book of Trust*, baseia a construção da confiança em quatro elementos que ele considera essenciais:[77]

77 FELTIMAN, C. The 4 Distinctions of Trust from The Think Book of Trust. **Insight Coaching**, 2009. Disponível em: https://insightcoaching.com/site/wp-content/uploads/trust_assessments_card.pdf. Acesso em: 5 jun. 2022.

- **Sinceridade:** é a avaliação de que você é honesto, que diz o que quer dizer, que sua opinião é válida, útil e apoiada em evidências e que suas ações estão alinhadas com as suas palavras;
- **Confiabilidade:** quando você cumpre os compromissos que assume e as promessas que faz;
- **Competência:** é a capacidade que você tem de fazer o que está fazendo ou se propõe a fazer e também de acreditar que o outro tem essa capacidade para fazer determinada tarefa;
- **Cuidado:** é o interesse e a preocupação que você tem pela outra pessoa, principalmente na tomada de decisão. O cuidado, competência de que falamos no capítulo anterior, é a mais importante dessas características na visão de Feltman. Para ele, o cuidado leva a uma confiança duradoura.

Ao unir esses elementos, a liderança dá espaço para que o outro fale, exponha o que pensa e o que sente sem ser julgado, abrindo um importante espaço para a segurança psicológica. Foi o que Mulally fez com o seu time. Os membros se sentiram seguros, deixaram o medo de lado e passaram a jogar limpo com a empresa. Quando há segurança psicológica, as pessoas sabem que podem fazer uma pergunta "boba" que não serão julgadas por isso. Ao contrário, serão encorajadas a fazer as perguntas que acharem necessárias com tranquilidade. Elas não se sentem vigiadas ou testadas, mas apoiadas pela liderança.

A pesquisadora Amy Edmondson, no livro *A organização sem medo*,[78] define segurança psicológica como "a crença de que o ambiente de trabalho é seguro para haver risco interpessoal. [...] O sentimento de poder falar abertamente sobre ideias relevantes, questões e preocupações [...] está presente quando os colegas confiam e respeitam uns aos outros. E se sentem aptos – e até obrigados – a serem francos". Em uma de suas pesquisas mais conhecidas, ela analisou com o Google o que diferencia os times de alta performance dos times

78 EDMONDSON, A. C. **A organização sem medo:** Criando segurança psicológica no local de trabalho para aprendizado, inovação e crescimento. Rio de Janeiro: Alta Books, 2020.

de baixa. A principal característica identificada foi, justamente, a segurança psicológica.

A segurança psicológica se torna ainda mais importante nesse momento porque constrói o componente de conexão pessoal, trazendo mais humanidade para o trabalho. O espaço seguro para compartilhar o que está acontecendo com cada um promoveu conexões maiores, em um momento em que, de repente, foi permitido falar das emoções e se mostrar vulnerável nas relações no trabalho. Todos vivenciaram uma experiência única, gerando conexões mais fortes e genuínas.

Portanto, segurança psicológica é sobre criar ambientes e cultura em que as pessoas se sintam seguras para assumir riscos interpessoais, de maneira que elas tenham voz, compartilhem ideias e opiniões, dúvidas, feedbacks e se arrisquem sem medo de julgamentos ou punições. É um retrato de quando **o outro** se transforma em **nós**.

ESCREVI UM ARTIGO NO LINKEDIN SOBRE SEGURANÇA PSICOLÓGICA. PARA ACESSÁ-LO, É SÓ APONTAR A SUA CÂMERA PARA O QR CODE AO LADO OU ACESSAR O MEU PERFIL EM: WWW.LINKEDIN.COM/IN/TONIACASARIN.

Alguns fatores são essenciais para criar esse ambiente seguro. Um é a igualdade de tempo durante o qual os membros passam se expressando. Outro é a escuta ativa, abrindo espaço para diálogo, a fim de que o outro não se sinta sozinho.[79] Ainda precisamos considerar a importância de "jogar limpo" com o seu time, deixando claras, sem pontos obscuros, as regras que devem ser seguidas, além das entregas, demandas e critérios exigidos pela empresa.[80]

Confiar é também se colocar em vulnerabilidade – aquele sentimento, segundo Brené Brown, que experimentamos durante os períodos

79 MATTOS, B. Como criar um ambiente de segurança psicológica no trabalho. **Forbes**, 16 dez. 2021. Disponível em: https://forbes.com.br/carreira/2021/12/seguranca-psicologica-o-segredo-das-equipes-inovadoras/. Acesso em: 2 maio 2022.

80 Marco Tulio Zanini em entrevista concedida à autora em 11 de abril de 2021.

de incerteza, instabilidade e exposição emocional. Ela até sugere que a confiança e a vulnerabilidade andam juntas. "A confiança é o acúmulo e a sobreposição dos pequenos momentos e da vulnerabilidade recíproca ao longo do tempo. A confiança e a vulnerabilidade crescem juntas, e trair uma delas é o mesmo que destruir as duas."[81]

Quando se coloca nesse lugar de vulnerabilidade, a liderança assume a sua humildade intelectual. Esse termo refere-se à postura de reconhecer as próprias limitações intelectuais, de assumir que você pode errar. E, por outro lado, é também sobre reconhecer a força intelectual do outro. Quem passa por esse processo começa a respeitar mais as pessoas ao redor e seus valores e opiniões, além de conseguir olhar para si e revisar os próprios pontos de vista sem se deixar levar por uma turbulência psicológica quando um erro seu é revelado.[82]

A liderança que não assume esse lado frágil tem a tendência a se aliar com seus pensamentos rotineiros, como se funcionasse no piloto automático. Pensa que se alcançou o cargo mais alto usando esse *modus operandi*, então por que mudar agora? Grande erro. Líderes que ascendem rapidamente na carreira podem ter a sensação de invencibilidade, algo que os faz parar de buscar novas informações, de ouvir feedbacks sinceros e de aceitar ideias de seus colaboradores.[83] Isso me lembra de uma frase que ouvi durante o SXSW de 2022, o maior evento de inovação do planeta, em uma palestra do escritor John Hagel. Ele disse que se um líder diz ou acredita que é seu papel ter todas as respostas, das duas, uma: ou ele não entendeu a velocidade das mudanças que o mundo está passando ou está mentindo. Eu concordo com ele, porque a liderança não precisa ter todas as respostas para ter a confiança da equipe nem estar sempre certa. Sejamos mais líderes intelectualmente humildes e menos líderes absolutos.

81 BROWN, B. **A coragem para liderar:** Trabalho duro, conversas difíceis, corações plenos. Rio de Janeiro: BestSeller, 2019, pp. 35 e 49.

82 MAGUSO, E. K. Three Reasons for Leaders to Cultivate Intellectual Humility. **Greater Good Magazine**, 26 jan. 2022. Disponível em: https://greatergood.berkeley.edu/article/item/three_reasons_for_leaders_to_cultivate_intellectual_humility. Acesso em: 5 jun. 2022.

83 Idem.

A CONFIANÇA E O EU, O NÓS E O MUNDO

A capacidade da liderança é medida pelas suas atitudes enquanto ocupa tal posição. E com um mundo tão complexo e cheio de mudanças rápidas, é muito fácil se perder nesse caminho e não conseguir entregar os resultados propostos. Então, passa-se a questionar a capacidade de conduzir uma equipe e de conseguir os objetivos esperados. Essa maneira de agir está diretamente relacionada ao nível de confiança que a liderança deposita em si mesma. A autoconfiança, esse ato de confiar em si mesmo, ser seguro de seus atos, suas opiniões e habilidades, é o pilar para se fortalecer dentro do ambiente de trabalho. A liderança começa não quando os outros confiam em você, mas quando você confia em si mesmo.

Quando acredita no seu potencial e nas suas habilidades, a liderança confiante é proativa tanto para executar as atividades da maneira que achar necessária, como também para tomar decisões importantes. Não se importa em sair da sua zona de conforto e não tem medo de se arriscar. Ou até tem medo, mas se arrisca mesmo assim, pois confia que consegue encontrar, com o time, o caminho para chegar ao objetivo – mesmo que tenham que ajustar a rota diversas vezes.

Ao pensar em ser autoconfiante e em como isso é importante, de imediato a minha mente volta ao passado e eu me lembro de quando cheguei na Universidade Columbia, em Nova York, para fazer o meu mestrado. Era 2013 e eu fiquei maravilhada desde o primeiro segundo em que coloquei os pés no campus. A estrutura, o clima universitário, aquelas pessoas do mundo todo circulando para lá e para cá. Parecia que eu estava dentro de uma cena de filme, daqueles que mostram as universidades estadunidenses e são cheios de histórias inspiradoras. Apesar de muito feliz, tinha um lado meu que me deixava preocupada. Não tinha a autoconfiança de que seria capaz de performar academicamente no nível de uma das universidades mais reconhecidas do mundo. Será que eu conseguiria? Por mais que eu tivesse passado por um processo seletivo difícil, achava que a universidade poderia ter errado em algum momento e que eu seria descoberta a qualquer instante.

Na minha primeira aula, antes de começar a falar do conteúdo do curso, a professora fez um discurso sobre a síndrome do impostor, aquele sentimento que nos invade quando desconfiamos de que somos capazes e merecedores do lugar que ocupamos, que nos faz pensar que não somos bons o suficiente para receber tanto. Era justamente o que estava acontecendo comigo e, aparentemente, eu não era a única! A professora falou com tranquilidade: "eu sei que vocês estão pensando que não deveriam estar aqui, mas vocês passaram em uma das melhores universidades do mundo e são merecedores disso. Vocês foram escolhidos, ninguém errou. Este é um lugar em que vocês vão aprender. Não quero que se preocupem em parecer inteligentes ou achem que precisam provar algo a alguém. Vocês estão aqui para aprender". Lembro-me da minha sensação de alívio ao ouvir aquelas palavras. O discurso da professora normalizou aquele sentimento e todos os reunidos naquela sala sentimos que estávamos juntos, com os mesmos problemas e questionamentos. Isso foi importante porque fortaleceu a nossa autoconfiança. A partir daquele momento, eu não me preocupei mais se o meu inglês tinha sotaque, se eu era inteligente o bastante, se teria que tirar as notas máximas ou se precisaria fazer as melhores perguntas. Eu só estava preocupada em aprender e ser quem eu era.

Essa autodúvida é comum quando passamos por alguma mudança significativa, seja uma promoção, a oportunidade de assumir um novo projeto, uma mudança de país ou o início em uma nova organização. O ponto é que, ao trabalharmos nossa autoconfiança, entendemos que o fato de não termos todas as respostas ou que ainda temos muito a aprender não diminui o nosso valor. Ao contrário, é apenas a confirmação de que somos humanos em uma jornada de desenvolvimento, e que podemos contar com as pessoas à nossa volta para nos ajudar ao longo do caminho.

Voltando ao exemplo da professora do meu mestrado, hoje eu vejo que ela fez mais do que fortalecer a nossa autoconfiança. Ela também usou aquele espaço para transformar os outros – aquela turma nova dentro da sala de aula, sem nenhuma conexão imediata entre si – em um time que anda junto, de mãos dadas. Ela também nos transmitiu tranquilidade ao mostrar que poderíamos confiar nela durante aquele novo desafio. E é exatamente isso que, como líderes, devemos fazer com nossas equipes. O líder que confia na própria habilidade se sente mais seguro também diante do time, porque tão importante quanto confiar em si mesmo é conquistar a confiança do outro.

Construir confiança, no entanto, muitas vezes requer pensar sobre esse assunto em uma nova perspectiva. A narrativa de liderança tradicional está centrada no eu: a visão da liderança, a estratégia da liderança; seu carisma e seus talentos. Mas a liderança realmente não é sobre o eu. Trata-se de capacitar outras pessoas como resultado de sua presença e garantir que o impacto de sua liderança continue durante a sua ausência.

Essa é uma via de mão dupla, pois confiar e inspirar confiança estão conectados. O neurocientista e economista estadunidense Paul Zak fez uma longa pesquisa sobre essa relação e os resultados mostram por que a confiança organizacional não deve ser desprezada jamais. Ele descobriu que, em comparação com colaboradores que não confiam nas empresas em que trabalham, as pessoas de empresas de alta confiança são 50% mais produtivas; apresentam 74% menos estresse; têm 106% mais energia no trabalho; 76% mais engajamento e 29% mais satisfação com a vida. O estudo ainda apontou que essas pessoas apresentam 13% menos ausência por doença e 40% menos esgotamento.[84]

Uma liderança que não inspira confiança, provavelmente, será microgerenciadora, aquele tipo de gestor que centraliza o máximo de atividades (e também de informações), que não confia na opinião e na capacidade do time e que acha que ele sabe mais do que os outros. O resultado desse tipo de atitude será uma equipe sem progresso, exausta, irritada e infeliz, pois não trabalha em um ambiente de confiança.

Construir a confiança organizacional leva tempo – meses, talvez até anos – e pode ser perdida por causa de um e-mail. Em um artigo

84 SCHWANTES, M. Brain Research Discovered This 1 Thing Is What Makes Work More Productive and Employees Happier. INC. Disponível em: https://www.inc.com/marcel-schwantes/brain-research-discovered-this-1-thing-is-what-makes-work-more-productive-employees-happier.html. Acesso em: 4 jun. 2022.

publicado na revista *Harvard Business Review*, os especialistas em liderança e confiança Robert M. Galford e Anne Seibold Drapeau[85, 86] apontam que, para lidar com a questão da confiança no trabalho, é preciso identificar os inimigos da confiança. Em seus estudos, eles destacam oito inimigos e mostram qual é a melhor maneira de combatê-los.[87] Vamos conhecê-los:

OS OITO INIMIGOS DA CONFIANÇA NO TRABALHO

1 MENSAGENS INCONSISTENTES

» **DEFINIÇÃO:** PROMETER E NÃO CUMPRIR; INCOERÊNCIA ENTRE COMUNICAÇÃO E AÇÃO; PRIORIDADES NÃO RESPEITADAS.

» **COMO COMBATER:** PLANEJAR BEM AS PROMESSAS E REFLETIR SOBRE SUAS REAIS PRIORIDADES. NÃO ATIVAR METAS IRREAIS A SEREM CUMPRIDAS.

2 PADRÕES INCONSISTENTES

» **DEFINIÇÃO:** TRATAR DE MANEIRA DISTINTA PESSOAS OU SITUAÇÕES.

» **COMO COMBATER:** MANTER O MESMO PADRÃO DE TRATAMENTO E NÃO DISTINGUIR COM BASE EM CARGOS, PREFERÊNCIAS OU AFINIDADES PESSOAIS.

3 BENEVOLÊNCIA EQUIVOCADA

» **DEFINIÇÃO:** DEIXAR DE AGIR QUANDO ALGUÉM SE COMPORTA DE MANEIRA INADEQUADA OU É INCOMPETENTE.

» **COMO COMBATER:** CONVERSAR COM O COLABORADOR, TREINÁ-LO, OFERECER MENTORIAS, TRANSFERI-LO PARA OUTRA FUNÇÃO OU, EM CERTOS CASOS, DEMITI-LO.

4 FEEDBACK FALSO

» **DEFINIÇÃO:** OFERECER APENAS BONS FEEDBACKS E ESCONDER OS PONTOS NEGATIVOS; DIZER SOMENTE O QUE AS PESSOAS QUEREM OUVIR.

» **COMO COMBATER:** OBSERVAR ATENTAMENTE A PERFORMANCE DOS COLABORADORES E OFERECER FEEDBACKS CLAROS E HONESTOS.

5 NÃO CONFIAR NOS OUTROS

» **DEFINIÇÃO:** NÃO COMPARTILHAR RESPONSABILIDADES; NÃO DELEGAR TAREFAS; INCENTIVAR O MICROGERENCIAMENTO.

» **COMO COMBATER:** DEPOSITAR CONFIANÇA PROGRESSIVAMENTE E AVALIAR O RESULTADO; TRABALHAR A AUTOCONFIANÇA.

6 IGNORAR OS "ELEFANTES NA SALA"

» **DEFINIÇÃO:** IGNORAR A EXISTÊNCIA DE ALGO INCÔMODO OU NÃO DISCUTIR O PROBLEMA ABERTAMENTE.

» **COMO COMBATER:** TRAZER A QUESTÃO A PÚBLICO, EXPLICÁ-LA CLARAMENTE E RESPONDER ÀS PERGUNTAS QUE FOREM FEITAS.

85 GALFORD, R. M.; DRAPEAU, A. S. The Enemies of Trust. **Harvard Business Review**, fev. 2003. Disponível em: https://hbr.org/2003/02/the-enemies-of-trust. Acesso em: 25 maio 2022.

86 BRETAS, A.; CASARIN, T.; SANTILLE, A.; SCHLOCHAUER, C. **Core skills:** Nem soft, nem hard. 10 habilidades essenciais para um mundo em transformação. São Paulo: Teya, 2020.

87 GALFORD, R. M.; DRAPEAU, A. S. *op. cit.* Acesso em: 1º jun. 2022.

7 RUMORES NO VÁCUO

» **DEFINIÇÃO:** DEIXAR QUE A FALTA DE INFORMAÇÃO SOBRE O QUE ESTÁ ACONTECENDO LEVE A INTERPRETAÇÕES INCOMPLETAS OU INCORRETAS.

» **COMO COMBATER:** EXPLICAR COM CLAREZA AS MUDANÇAS; ASSUMIR QUANDO NÃO SE SABE O QUE VAI ACONTECER; COLOCAR-SE NO LUGAR DO SEU OUVINTE.

8 MÁ PERFORMANCE RECORRENTE

» **DEFINIÇÃO:** FALHAR CONSTANTEMENTE NO ALCANCE DOS RESULTADOS ALMEJADOS PELA ORGANIZAÇÃO.

» **COMO COMBATER:** SER REALISTA AO PROPOR METAS; COMUNICAR OS MOTIVOS QUE O LEVARAM A TAL DECISÃO E AS ESTRATÉGIAS PARA ALCANÇAR OS OBJETIVOS.

Esse é um trabalho contínuo dentro das organizações e deve partir sempre da liderança. Combater esses inimigos é fundamental para criar laços de confiança com a equipe. As empresas também podem perder a confiança dos consumidores e dos colaboradores, e restabelecer esse laço é um trabalho penoso. Foi o que se passou no banco estadunidense Wells Fargo depois de uma série de denúncias que surgiram mostrando que funcionários abriram milhões de contas falsas e as movimentaram usando o saldo dos próprios correntistas. Segundo as investigações, o dinheiro das contas existentes era movido para essas inexistentes sem o conhecimento dos clientes, que pagavam por serviços que não haviam solicitado ou juros por saldo insuficiente.

Essa movimentação rendeu milhões em taxas para o banco e permitiu que os colaboradores batessem metas e ganhassem bônus. Essa manobra rendeu ao banco pesadas multas, a demissão de muitas pessoas envolvidas na fraude e a devolução de valores de correntistas que foram lesados. Mas a história não para por aí. Ao mesmo tempo que a fraude foi descoberta e o banco tentava reconquistar a confiança do mercado, o executivo-chefe do Wells Fargo, John Stumpf, foi acusado de exercer uma liderança covarde, por ter punido apenas colaboradores de baixo escalão. Além disso, recaiu sobre a administração o motivo de os funcionários terem executado tal ação, já que havia relatos de que a cultura do banco era de pura pressão para o alcance de metas. Os colaboradores eram humilhados por gerentes e ameaçados de demissão caso não atingissem os números irrealistas impostos pela instituição bancária.[88, 89]

Por consequência desse contexto, o banco teve um rombo financeiro enorme e também destruiu a confiança da equipe e dos clientes. Os colaboradores optaram por não falar mais dos problemas e mostrar somente o que estava dando certo, mesmo que de maneira errada. Esse é um caso clássico do prejuízo que um ambiente tóxico pode causar.

CONFIANÇA NO MUNDO

Passando do nós para o mundo, a gota da confiança continua a reverberar. E de que maneira? Acreditando que o futuro será melhor que o dia de hoje e que, juntos, vocês todos podem construir esse futuro da melhor maneira. Eu sei que há muitas coisas erradas acontecendo no mundo, pobreza, guerra, desigualdades sociais, desequilíbrio climático. Por alguns momentos, tente não se apegar a isso e deixe-se levar pelos exemplos positivos, porque também há coisas boas acontecendo. Um prêmio Nobel da Paz que é concedido a alguém que você admira, um medicamento novo que é descoberto, uma nova raça de passarinhos que é catalogada, os resultados positivos de uma organização social que se propõe a combater a fome, uma flor que nasce em meio ao caos. Claro que não temos que nos fechar para os problemas do mundo, mas também vale confiar que as coisas vão melhorar e que há muitas pessoas colaborando para que isso aconteça – e uma delas pode ser você!

No livro *Humanidade*,[90] o autor Rutger Bregman lembra da importância dessa força de pensamento e da atitude que tomamos. Ele diz que "ideias nunca são meramente ideias. Nós somos aquilo em que acreditamos. Encontramos o que estamos procurando. E o que

88 GLAZER, E. Wells Fargo Is 'Working Hard' to 'Rebuild Trust'. **The Wall Street Journal**, 30 jan. 2019. Disponível em: https://www.wsj.com/articles/wells-fargo-is-working-hard-to-rebuild-trust-11548886641. Acesso em: 19 set. 2022.

89 AS 5.300 maçãs podres do Wells Fargo. **Exame**, 1º out. 2016. Disponível em: https://exame.com/negocios/as-5-300-macas-podres-do-wells-fargo/. Acesso em: 19 set. 2022.

90 BREGMAN, R. **Humanidade:** Uma história otimista do homem. São Paulo: Crítica, 2021.

previmos acaba acontecendo". Assim, eu acredito que será cada vez mais importante aprender a confiar e inspirar confiança no futuro, mostrando otimismo no que há por vir.

O otimismo, essa maneira de ver as coisas pelo lado bom, pensando sempre positivamente, é um dos pilares do estudo de Martin Seligman, conhecido como o pai da Psicologia Positiva. Estudos científicos enxergam o otimismo como uma medida proativa para proteger a saúde física e mental. Otimistas, quando confrontados com um desafio, tendem a agir com confiança e persistência, mesmo que o progresso seja difícil ou lento. Outros estudos apontam evidências de forte relação entre bem-estar e otimismo associado à alta autoestima e à personalidade do indivíduo. Já os estudos de Seligman demonstram consistência entre otimismo e melhor desempenho no trabalho, nos estudos, nos relacionamentos e no enfrentamento de situações adversas. Ademais, apontam alta correlação entre pessimismo e doenças físicas e mentais.[91]

A era que presenciamos é um convite para resgatar nossa capacidade de sustentar e ser sustentado, de ajudar e ser ajudado, de colaborar e de ter uma colaboração. Sem a confiança, pessoas, empresas, organizações e entidades não conseguem desenvolver suas atividades e alcançar outros objetivos, como criar um ambiente de inovação, de transparência e de cooperação. Sem confiança, não há resultados duradouros.[92]

Então confie que as coisas podem melhorar e que você também é responsável pelo que acontece no mundo e pode colaborar com essa evolução. É hora de revisitar o seu papel enquanto líder e ter a consciência de que você pode deixar o mundo mais positivo. Um mundo em que as pessoas confiem mais umas nas outras. Dá, sim, para ser uma pessoa melhor e cultivar um mundo melhor. Lembre-se das palavras de Jane Goodall: "Você não pode passar um dia sem causar um impacto no mundo ao seu redor". Você é uma gota que reverbera até onde não se possa mais ver.

91 BASTIANELLO, M. R.; HUTZ, C. S. Do Otimismo Explicativo ao Disposicional: A Perspectiva da Psicologia Positiva. **Psico-USF** [on-line]. 2015, v. 20, n. 2, pp. 237-247. Disponível em: https://doi.org/10.1590/1413-82712015200205. Acesso em: 6 jul. 2022.

92 BRETAS, A.; CASARIN, T.; SANTILLE, A.; SCHLOCHAUER, C. *op. cit.*

CONFIANÇA:
um convite para colocar esta competência em prática

Vamos fortalecer o que você aprendeu neste capítulo?

LISTA DAS CINQUENTA CONQUISTAS

A autoconfiança é um processo. Essa atividade geralmente desperta reações intensas com a quantidade de sucessos que eu peço para você pensar. Sim, cinquenta conquistas. Você deve estar pensando que não tem cinquenta conquistas na sua vida, mas posso garantir que tem, sim!

Mas, antes de começar, faça a reflexão: como você define conquista? Muitas vezes, nos esquecemos de muitas realizações porque estamos olhando para a próxima ou para aquela que ainda não alcançamos. Já parou para pensar que você não nasceu andando e teve que aprender, com frequência caindo várias vezes por hora?! Essa perspectiva pode ajudar a reconsiderar o que você chama de conquista.

Na minha lista das cinquenta conquistas, tem desde meus exames de faixas até a roxa de caratê, em que tirei a nota máxima, até a bolsa de estudos que conquistei na Universidade Columbia e minha independência financeira. Então, pegue um caderno que sempre poderá ficar próximo a você e faça a sua lista!

P.S.: Essa lista poderá ser atualizada sempre que você quiser. E cinquenta poderão se transformar em setenta... cem... duzentas... antes que você imagine!

P.S.2: Essa lista deve ser sua aliada. Sabe aqueles momentos em que a insegurança tenta paralisá-lo? Volte às suas conquistas e lembre-se: você é muito mais capaz do que acredita.

REDE DE APOIO E SUPORTE

Ter uma rede de apoio e suporte é importante para que você se fortaleça. Pode ser um grupo que se junta para trocar experiências, por exemplo, ou ainda uma pessoa de confiança que você recorre quando precisa de uma perspectiva diferente. Quando você se une a pessoas que passaram pelo mesmo problema, pelos mesmos desafios, ou simplesmente podem ver de fora o que está acontecendo, tem a oportunidade de enxergar as situações por outros ângulos e ainda descobrir meios de resolvê-las.

No meu trabalho de coaching com executivos, os encorajo sempre a listar as pessoas que podem ser fundamentais para o desenvolvimento deles ou que podem dar um suporte em caso de desafios, tanto pessoais quanto profissionais. Você também pode buscar líderes que já passaram pela sua vida profissional, fazer uma mentoria ou um trabalho com um coach. Esse é um suporte necessário. Lembre-se: você não está sozinho.

ACREDITE NO MELHOR DAS PESSOAS E DO MUNDO

A prática da confiança no nós e no mundo é uma decisão consciente. No livro *Humanidade*, que já citei, Bregman fala que "quando estiver em dúvida, suponha o melhor das pessoas". Ele combate a ideia de que a natureza do ser humano seja egóica ou má. Ao contrário, todos nós temos o profundo desejo de sermos bons.[93] A liderança pode ser um guia que integre as pessoas de sua equipe para que as ações sejam verdadeiras a essa vontade que está na essência dos seres humanos.

Nesse sentido, a valorização da transparência é elemento fundamental para que a confiança seja fortalecida. Assim, o **nós** se transformará em **mundo**. O especialista em liderança Dennis Jaffe diz que "quando a gerência se reúne em segredo ou não compartilha informações importantes, os membros da equipe podem facilmente ficar desconfiados. Por outro lado, quando as pessoas compartilham seus pensamentos, sentimentos e considerações, ou quando uma organização, geralmente por meio do líder, conta aos membros o que está acontecendo, todos sabem onde estão e a confiança pode florescer".[94]

Só assim, confiando uns nos outros, é que podemos agir de modo confiante com o mundo.

93 5 WAYS to rebuild trust in a complex world. **We Forum**, 19 ago. 2021. Disponível em: https://www.weforum.org/agenda/2021/08/5-ways-to-rebuild-trust-in-a-complex-world/. Acesso em: 24 ago. 2022.

94 JAFFE, D. The Essential Importance Of Trust: How To Build It Or Restore It. **Forbes**, 5 ago. 2018. Disponível em: https://www.forbes.com/sites/dennisjaffe/2018/12/05/the-essential-importance-of-trust-how-to-build-it-or-restore-it/?sh=3e4b47de64fe. Acesso em: 24 ago. 2022.

Confie que
as coisas podem
melhorar e que
você também
é responsável
pelo que acontece
no mundo e
pode colaborar com
essa evolução.

@TONIACASARIN

CAPÍTULO 7

COMPAIXÃO: PONTO-CHAVE PARA MELHORAR A RELAÇÃO CONSIGO E COM O SEU TIME E PARA INSPIRAR OUTRAS PESSOAS

“SABEDORIA E COMPAIXÃO SURGEM COMO AS QUALIDADES DE LIDERANÇA MAIS POTENTES E EFICAZES EM TEMPOS DIFÍCEIS.”

JENNIFER REYNOLDS, CEO DA WOMEN CORPORATE DIRECTORS FOUNDATION[95]

Há décadas, pesquisadores do mundo todo estudam a compaixão. Segundo estudos disponíveis no site da Universidade Stanford,[96] a compaixão é descrita como a preocupação com o bem-estar do outro e também como um sentimento que surge ao testemunhar o sofrimento de alguém e que motiva um desejo de ajudar tal pessoa. Porém, ela também é relacional, dado que envolve perceber a dor do outro e agir para ajudar a aliviá-la. Dessa forma, pode ser entendida como um trabalho emocional que envolve perceber, sentir e responder. Em um sentido mais amplo, com a compaixão a pessoa é emocionalmente solidária tanto para si quanto para os outros quando as dificuldades ou a imperfeição humana são confrontadas.

O assunto é tão importante que a compaixão chama a atenção de pesquisadores das principais universidades do mundo. Por exemplo, a Universidade de Oxford, na Inglaterra;[97] a Universidade de Zaragoza, na Espanha;[98] e a Universidade Federal de São Paulo (Unifesp), no Brasil,[99] possuem centros de estudo especializados

95 BREAKING the myth of meritocracy. **Financier Worldwide**, jul. 2022. Disponível em: https://www.financierworldwide.com/breaking-the-myth-of-meritocracy#.Yrlip3bMK5d. Acesso em: 29 jun. 2022.

96 COMPASSION. **CCare Stanford**. Disponível em: http://ccare.stanford.edu/research/wiki/compassion-definitions/compassion/. Acesso em: 22 maio 2022.

97 MINDFULNESS for Life. **Oxford Mindfulness Centre**. Disponível em: https://www.oxfordmindfulness.org/learn-mindfulness/course-types/mindfulness-for-life/. Acesso em: 22 maio 2022.

98 COMPASIÓN y Mindfulness. **WebMindfulness**. Disponível em: https://www.webmindfulness.com/curso/grupos-de-compasion/. Acesso em: 22 maio 2022.

99 ENCONTRE um curso para praticantes. **Centro Mente Aberta**. Disponível em: https://mindfulness.unifesp.br/pratique/encontre-um-curso. Acesso em: 22 maio 2022.

no tema. Inclusive, dentro da famosa Universidade Stanford, nos Estados Unidos, existe uma organização chamada Center for Compassionate Leadership, que é um centro de estudos sobre **liderança compassiva**.[100]

Quando analisamos as diferentes definições de compaixão, percebemos que há um fio condutor entre elas. Todas tratam da relação com o outro, do reconhecimento da dor alheia e do desejo de ajudar.

Embora seja uma qualidade inerente a todos nós como seres humanos, a Psicologia, a Neurociência e a Medicina Clínica mostram que a compaixão é uma orientação e uma habilidade que pode ser cultivada e fortalecida para aumentar o bem-estar dos indivíduos, das comunidades e da sociedade.

A pesquisadora Jane E. Dutton, da Universidade de Michigan, nos Estados Unidos, relaciona a compaixão a quatro aspectos: percepção de sofrimento, criação de significado, preocupação empática, e alívio do sofrimento.[101] Em uma empresa, funcionaria mais ou menos assim: primeiro, a liderança percebe o problema. Pode ser duas pessoas em conflito, pode ser um colaborador desmotivado ou um que não acata as orientações recebidas. Então, a liderança reconhece o que esse conflito está causando à pessoa ou até mesmo ao time. A segunda etapa é interpretar a situação: isso significa sentar com o(s) envolvido(s) para ouvir e entender o que está acontecendo e por quê. Depois disso, entra a terceira etapa, que é a preocupação. A liderança, mesmo que não concorde com o que está acontecendo, apoia os envolvidos emocionalmente, mostrando que está junto deles e que está disponível para ajudá-los de alguma maneira. Enfim, a última etapa do processo da compaixão é o alívio do sofrimento, é quando a ajuda entra em ação. Pode

100 THE Center for Compassion and Altruism Research and Education. **Stanford Medicine**. Disponível em: https://ccare.stanford.edu/. Acesso em: 22 maio 2022.

101 GILBERT, P.; CATARINO, F.; DUARTE, C. et al. The development of compassionate engagement and action scales for self and others. **Journal of Compassionate Health Care**, 2017. Disponível em: https://jcompassionatehc.biomedcentral.com/articles/10.1186/s40639-017-0033-3. Acesso em: 12 jul. 2022.

ser conversando individualmente com os colaboradores, pode ser fazendo um colaborador entender o próprio comportamento em relação a algo que aconteceu ou pode ser tomando uma atitude que desfaça o desconforto. Nesse ponto, a sabedoria deve acompanhar a compaixão. Sua atitude, como líder, deve estar dentro das regras da empresa, de acordo com os recursos internos e dentro do limite do que pode ser oferecido.

Quando a liderança coloca esse roteiro em ação, exerce a responsabilidade do cargo que ocupa e abre um espaço seguro para todos os colaboradores – lembra-se da segurança psicológica que falamos anteriormente? Do outro lado, a pessoa não tem medo de se mostrar vulnerável, pois sabe que será cuidada e acolhida. Colaboradores que têm uma liderança compassiva se sentem menos sozinhos, sentem que são vistos e reconhecidos, e também reportam mais bem-estar, melhor entendimento da empresa e melhor relacionamento entre seus pares.

Sigal Barsade, professora de administração da Wharton School of Business da Universidade da Pensilvânia, foi pioneira no que os psicólogos organizacionais chamam de revolução afetiva.[102] Trata-se do estudo de como as emoções, não apenas o comportamento e a tomada de decisão, moldam a cultura do local de trabalho e afetam o desempenho de uma organização. Barsade era uma defensora eloquente da mistura de afeto, compaixão e amizade, que marcava uma cultura saudável no local de trabalho.

A liderança compassiva não é simplesmente dar às pessoas o que elas querem e precisam, assim como alcançar alto desempenho não significa ignorar as necessidades e o bem-estar dos colaboradores. **Saímos de um paradigma da liderança do "OU" e caminhamos para o "E".** Os líderes que buscam alto desempenho sustentável – principalmente no ambiente atual – precisam dedicar tempo e esforço para garantir que seus times também alcancem.

102 SIGAL Barsade, 56, Dies: Argued That It's Ok to Show Emotions at Work. **The New York Times**. Disponível em: https://www.nytimes.com/2022/02/13/business/sigal-barsade-dead.html. Acesso em: 6 jul. 2022.

Dito tudo isso, fica mais fácil perceber como a compaixão é uma força positiva e muito poderosa nas organizações,[103] além de uma competência fundamental nesse novo mundo que estamos desenhando para o futuro. Há maior necessidade de olhar para si, para o outro; de sentir o que o outro sente, respeitar a dor dele – e só sendo compassivo é que se entende esse contexto. Líderes exponenciais reconhecem a humanidade em cada um daqueles que influenciam.

A COMPAIXÃO E O EU, O NÓS E O MUNDO

A compaixão começa pela maneira como tratamos a nós mesmos, ou seja, pela autocompaixão. Se você é do tipo que diante de um erro fica se cobrando, se autocriticando, sentindo que é o único que falha e não se perdoa por isso, então é uma pessoa que ainda tem muito o que aprender sobre esse tema. Eu mesma sou a minha pior crítica e o processo de escrita deste livro foi um exercício intenso sobre autocompaixão.

Recentemente, mergulhei em um workshop no Instituto Esalen, em Big Sur, na Califórnia, sobre equilíbrio emocional ministrado por Eve Ekman, uma das principais pesquisadoras do mundo no campo das emoções. Lá, eu percebi que a autocompaixão é o pilar da compaixão pelos outros. E essa clareza é muito importante para que, ao assumir uma atitude em busca do impacto positivo que podemos ter na vida das pessoas, não caiamos no risco de adicionar mais estresse para nós mesmos – e, no workshop, percebi que eu mesma estava caindo nessa armadilha.

Eu estava transformando ações que costumavam ser autenticamente centradas no ser humano e compassivas em atos performativos, como se meu valor no mundo fosse medido por elas. Ou seja, quando estava envolvida em projetos que não tinham impacto em

103 COMPASSION. CCare Stanford. *op. cit.*

milhões de pessoas, me sentia incapaz e sem valor, sentia que estava fazendo menos do que deveria. E esse pilar, para mim, serve como uma bússola para equilibrar o paradoxo do que é minha responsabilidade como líder e o reconhecimento da minha própria humanidade e de minhas limitações.

Isso acontece porque a autocompaixão é essencial para que qualquer pessoa se torne um ser compassivo. Segundo o professor Javier García Campayo, da Universidade de Zaragoza, na Espanha, a compaixão é uma maneira amável de nos relacionarmos com nós mesmos, inclusive diante de um fracasso, de uma incapacidade e de emoções negativas, como a culpa, a vergonha e a autocrítica.[104]

Isso não tem nada a ver com fazer papel de vítima. Muito pelo contrário: é reconhecer que todo mundo tem seus limites e pode errar. É olhar com atenção para si mesmo, ouvir seus pensamentos e emoções, praticar o autocuidado – já falamos sobre isso no capítulo 5 – e, também, a autocrítica, mas nunca de maneira depreciativa e, sim, gentil e encorajadora. Às vezes, é mais fácil ser gentil com os outros do que com nós mesmos.

Mas ser gentil consigo mesmo não significa fazer de conta que o sofrimento não existe. Essa não é a ideia da compaixão. Quando você ignora o sofrimento, provavelmente faz com que ele piore. No lugar, aceite o momento doloroso e equilibre as emoções negativas e positivas para que uma não suprima a outra. A autocompaixão pressupõe aceitar o momento doloroso, porém tratando-se com bondade, amor e gentileza.

No papel de líder, a autocompaixão ajuda a entender que, mesmo não tendo todas as respostas nem sempre acertando em todas as decisões, está tudo bem. Dúvidas surgirão no caminho, mas isso não altera a sua capacidade ou percepção de valor próprio. Aliás, isso é se mostrar humano, suscetível a falhas e acertos. Para a americana Kristin Neff, referência em compaixão, "quanto mais você abrir seu coração para essa condição humana, em vez de lutar

104 COMPASIÓN y Mindfulness. **WebMindfulness**. *op. cit.*

A compaixão
é uma maneira
amável de nos
relacionarmos
com nós
mesmos.

@TONIACASARIN

constantemente contra ela, mais será capaz de sentir compaixão por si mesmo e por todos os outros". Em seus inúmeros estudos,[105] Neff chegou à conclusão de que a autocompaixão é composta de três elementos:

- **Autobondade:** a autocompaixão implica ser mais compreensivo consigo. As pessoas autocompassivas reconhecem que ser imperfeito, falhar e passar por alguma dificuldade são fatos inevitáveis. Em vez de ficar com raiva ou se encher de cobranças, elas tendem a ser mais gentis consigo mesmas, porque entendem que as pessoas nem sempre podem ser ou obter exatamente o que querem. Quando essa realidade é negada, o sofrimento aumenta na forma de estresse, frustração e autocrítica. Quando essa realidade é aceita com empatia e bondade, experimenta-se maior tranquilidade emocional.
- **Somos todos humanos:** a frustração por não ter as coisas exatamente como se quer é, com frequência, acompanhada por uma vontade irracional de isolamento. Mas todas as pessoas passam por dificuldades. A autocompaixão envolve o reconhecimento de que o sofrimento e a inadequação pessoal fazem parte da experiência humana compartilhada – algo que todos passamos, em vez de ser algo "por que isso acontece só comigo?".
- **Atenção plena:** a autocompaixão requer uma abordagem equilibrada das emoções negativas para que os sentimentos não sejam suprimidos nem exagerados. Essa postura decorre do processo de relacionar experiências pessoais com as de outros que também sofrem, e da disposição de observar nossos pensamentos e emoções negativas com abertura e clareza. É fundamental reconhecer a dor e refletir sobre ela. E a atenção plena evita que sejamos tomados por pensamentos e sentimentos que nos levem para uma reação negativa.

105 NEFF, K. Definition of Server-Compassion. **Self-compassion**. Disponível em: https://self-compassion.org/the-three-elements-of-self-compassion-2/#3elements. Acesso em: 19. set. 2022.

Além de uma tolerância maior ao próprio erro, a autocompaixão ajuda a cultivar relacionamentos interpessoais mais saudáveis e a manter maior consciência emocional, clareza de fatos e aceitação. E mais: pessoas compassivas têm menos problemas emocionais, como depressão e ansiedade[106] e estão mais preparadas para fazer a gota reverberar e aplicar a compaixão na sociedade – isso inclui o ambiente de trabalho –, transformando o eu em nós.

A compaixão no ambiente corporativo funciona como um mecanismo para construir capital social. Esse termo refere-se à conexão entre liderança e colaboradores, a maneira como agimos em relação ao outro, a colaboração entre todos e a criação de um relacionamento de confiança, cuidado e bondade. Isso não é difícil de conquistar, principalmente se lembrarmos que, por natureza, o ser humano é um ser altruísta, ou seja, ele se sente bem em fazer o bem. No próximo capítulo, vamos falar mais sobre conexão e colaboração.

O que falta, muitas vezes, é ativar esse fenômeno que pode estar escondido pela insegurança. Cabe à liderança despertar a compaixão no time. Não é por menos que empresas que valorizam uma liderança compassiva têm colaboradores mais engajados, com experiências positivas no local de trabalho e com menos probabilidade de chegar ao esgotamento físico e mental. Essa foi a conclusão de um estudo publicado na revista *Harvard Business Review*, feito com líderes e colaboradores de mais de 5 mil empresas em quase cem países. De acordo com a coleta de dados realizada, a satisfação no trabalho é 86% maior para um colaborador que trabalha com um líder sábio e compassivo do que para um colaborador que não trabalha.[107] O estudo também mostrou que, quanto mais compassivo o líder for, mais rápido e mais alto ele sobe na hierarquia

106 CERQUETANI, S. Autocompaixão: 10 dicas para ser mais gentil consigo mesmo. **UOL VivaBem**, 17 jun. 2022. Disponível em: https://www.uol.com.br/vivabem/noticias/redacao/2022/06/17/autocompaixao-10-dicas-para-ser-mais-gentil-consigo-mesmo.htm. Acesso em: 17 jun. 2022.

107 HOUGAARD, R.; CARTER, J. Becoming a More Humane Leader. **Harvard Business Review**, 23 nov. 2021. Disponível em: https://hbr.org/2021/11/becoming-a-more-humane-leader. Acesso em: 5 jun. 2022.

corporativa. É a prova de que fazendo o bem aos outros, estamos fazendo o bem a nós mesmos.[108]

Ser compassivo e dar resultados não são fatores mutuamente excludentes. O gráfico a seguir, adaptado do estudo de Rasmus Hougaard, revela quatro quadrantes que podem ajudar a esclarecer esse aparente paradoxo:[109]

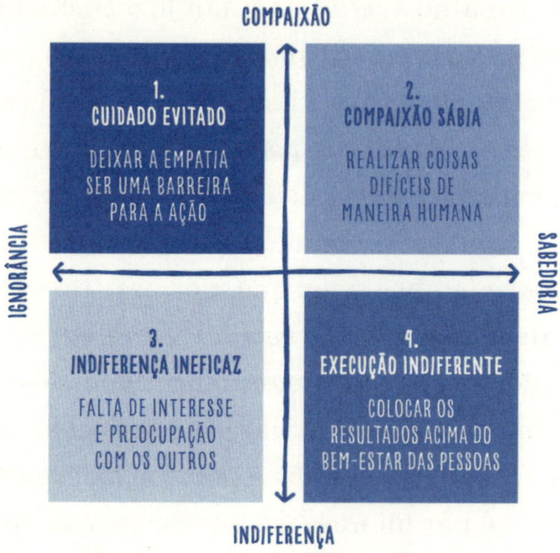

Fonte: Adaptado de HOUGAARD, R.; CARTER, J.; HOBSON, N. Compassionate Leadership Is Necessary – But Not Sufficient. **Harvard Business Review**, 4 dez. 2020. Disponível em: https://hbr.org/2020/12/compassionate-leadership-is-necessary-but-not-sufficient. Acesso em: 5 jun. 2022.

Essa representação demonstra quatro estilos de liderança. Vamos analisar primeiro os quadros 1, 3 e 4. No quadro 1, os líderes cuidam das pessoas, mas tendem a evitar determinados conflitos, como dar um feedback duro ou impor uma nova regra. No 3, os líderes são ineficazes e indiferentes e não mostram nenhum interesse pelo outro. No 4, eles são eficazes para o negócio, mas colocam a empresa à frente do bem-estar do time.

Agora, observe o quadro 2. Ali estão os líderes compassivos e sábios que entregam resultados ao mesmo tempo em que se preocupam

108 HOUGAARD, R.; CARTER, J.; HOBSON, N. Compassionate Leadership Is Necessary - But Not Sufficient. **Harvard Business Review**, 4 dez. 2020. Disponível em: https://hbr.org/2020/12/compassionate-leadership-is-necessary-but-not-sufficient. Acesso em: 5 jun. 2022.

109 Idem. Acesso em: 30 jun. 2022.

com as necessidades dos liderados, ouvindo os desejos deles e os colocando também como tomadores de decisão. Situações difíceis também são enfrentadas, mas com cuidado e de maneira humana.

Um exemplo de empresa que coloca isso em prática é o LinkedIn. A empresa tem uma política que prioriza a compaixão, vista internamente como uma vantagem estratégica, um alicerce para o sucesso. A começar pelo próprio organograma da empresa que contempla a posição de *head* de *mindfulness* e compaixão. Isso mesmo: existe um cargo só para cuidar dessa questão. Para a empresa, essa é a melhor maneira de fomentar o crescimento tanto das pessoas individualmente quanto de um time e do negócio como um todo. "Dado que nosso mandato é fornecer oportunidades econômicas aos profissionais do mundo, acreditamos que estamos em uma posição na qual podemos fazer a diferença. Nosso objetivo é transformar todos no LinkedIn em líderes compassivos", declarou Scott Shute, responsável pela implementação desse programa no LinkedIn, em entrevista à *Forbes*.[110] Para isso, a empresa trabalha a liderança compassiva em três frentes. Uma é a consciência e compreensão profunda dos outros; outra é a mentalidade de desejar o melhor para os outros; e a última é a coragem para agir. Ainda vamos falar mais sobre a coragem no capítulo 11.

Uma das ações implementadas foi a decisão da empresa de fechar completamente durante as semanas de 4 de julho (quando é comemorada a independência americana) e do Natal, para que as pessoas possam desfrutar melhor do seu tempo pessoal, com espaço para aplicar o autoconhecimento e a autocompaixão. Nesses períodos, nenhum e-mail é permitido e todos voltam ao trabalho com a caixa de entrada vazia. A empresa oferece cursos por meio de sua plataforma on-line de desenvolvimento e educação – LinkedIn Learning – sobre liderança compassiva, práticas de meditação e

110 DONNELLAN, L. Compassion Means Business at LinkedIn. **Forbes**, 18 jul. 2019. Disponível em: https://www.forbes.com/sites/laureldonnellan/2019/07/18/compassion-means-business-at-linkedin/?sh=79814a597af8. Acesso em: 7 jun. 2022.

outros temas que tenham como alvo criar essa cultura de compaixão, e a estrutura física do LinkedIn ainda comporta salas e sessões de meditação guiadas para todos os colaboradores. Além disso, há um olhar direcionado para a administração do negócio, que vai desde as políticas internas, passa pelo modo de conduzir as reuniões internas, as avaliações de desempenho e o reconhecimento, e respinga até mesmo na maneira de vender produtos.[111] Tudo isso aliado a uma preocupação de oferecer oportunidades econômicas para todos os membros de maneira global.

A liderança compassiva foca as conexões humanas reais e o impacto que tem sobre a vida das pessoas, tanto profissional como pessoalmente, e até mesmo a comunidade que gira ao seu redor. A liderança é, portanto, um agente de transformação da sociedade.

Parte da cultura de compaixão do LinkedIn é levar para fora da empresa a importância de falar sobre compaixão e incentivar para que mais empresas e pessoas passem a aplicar essa competência. Assim, o presidente do conselho de administração e ex-CEO da empresa, Jeff Weiner, virou uma espécie de porta-voz sobre o assunto. Seja em entrevistas, palestras ou qualquer outra ocasião, ele sempre é uma inspiração para que outras pessoas ajudem a moldar o mundo em que vivem. A empresa também criou o Compassion Awards, um reconhecimento a líderes que estão cultivando a compaixão no mundo. A ideia é reconhecer e desencadear uma conversa sobre o papel da compaixão na sociedade, a partir do exemplo dos premiados, aprendendo com eles. Um dos requisitos para concorrer ao prêmio é mostrar como o seu projeto ajuda a fomentar a compaixão no mundo e como ganhar o prêmio em dinheiro – são 100 mil dólares – ajudaria a aumentar esses esforços.[112] Uma empresa que tem em sua missão conectar profissionais pelo mundo para que sejam mais produtivos

111 INAM, H. How To Create A Mindful And Compassionate Workplace: The Story Of LinkedIn. **Forbes**, 7 set. 2019. Disponível em: https://www.forbes.com/sites/hennainam/2019/09/07/how-to-create-a-mindful-and-compassionate-workplace-the-story-of-linkedin/?sh=56a2e08d793c. Acesso em: 5 jun. 2022.

112 THE Compassion Award. **LinkedIn**. Disponível em: https://news.linkedin.com/compassionaward. Acesso em: 6 jun. 2022.

e tenham sucesso entende que ter uma cultura de compaixão é pilar primordial para a própria existência.

Há outras maneiras de ajudar a levar a compaixão para o mundo, mostrando a sua capacidade de querer o melhor para os outros e agir em prol do próximo. As próprias normas do ESG ajudam as empresas a colaborar para esse fim. A compaixão, por exemplo, é extremamente importante no pilar *social* – o S da sigla. A sociedade enfrenta sérios problemas sociais e todos nós temos a responsabilidade de colaborar para amenizar o sofrimento de tantos. Então, a empresa que se preocupa em conhecer seus fornecedores, sabendo se eles respeitam as questões trabalhistas, se implementam programas que visam o bem-estar físico e mental dos colaboradores, se possuem projetos que avaliam o próprio impacto na sociedade e se desenvolvem projetos sociais também colabora para a reverberação da gota no oceano. Líderes compassivos imaginam um círculo de compaixão em que ninguém é deixado de fora.

A liderança tem o potencial de deixar um legado para o mundo. E a compaixão é um ponto-chave para melhorar a relação consigo, com o time e inspirar outras pessoas, para que o efeito cascata siga se espalhando. Líderes compassivos criam culturas mais seguras e com senso de pertencimento maior. Afinal, como você já sabe, a compaixão não é só se solidarizar com alguma situação: ela inclui uma ação para ajudar a solucionar o problema, criando uma conexão com o eu, o nós e o mundo.

COMPAIXÃO:
um convite para colocar esta competência em prática

Ter autocompaixão é importante para lidar com o próprio caos. Pense em um momento no qual você cometeu um erro e fez algo pelo qual se arrependeu ou ficou chateado consigo. Ou um momento em que surgiram pensamentos críticos e de autojulgamento, ou ainda algo que você não se perdoa por ter feito. Observe como se sente agora.

Anote as primeiras frases-chave que lhe vieram à mente.

____

____

____

____

____

O que você percebe nessas frases?

____

____

____

____

____

Agora, imagine que esse fato não aconteceu com você. Ao contrário, foi com seu melhor amigo. Alguém de quem você gosta muito. Se a situação fosse invertida, o que você diria a essa pessoa?

Anote algumas das frases-chave que lhe vieram à mente.

____

____

____

____

____

Você percebe uma maneira diferente de reagir em relação ao ocorrido? Se fosse o seu melhor amigo, você seria tão duro diante do que aconteceu e lhe atormenta?

____

____

____

____

____

Muitas vezes, precisamos somente ver pela perspectiva de outra pessoa, pois tendemos a ser muito duros com nós mesmos.

CHECKLIST COMPAIXÃO COM O TIME

Entenda que o seu alcance enquanto liderança vai além do local de trabalho. A maneira como você lidera afeta o modo como as pessoas vivem. Como líder, você precisa fazer o bem e causar menos danos. Portanto, ser intencional é fundamental. A maneira mais poderosa de a liderança melhorar o bem-estar dos colaboradores não é por meio de programas e iniciativas, mas com ações no dia a dia.

Marque no checklist abaixo o que você faz rotineiramente com seus colaboradores e perceba o que ainda pode melhorar.

Ouço atentamente quando os membros da minha equipe trazem qualquer assunto para mim	( ) nunca ( ) às vezes ( ) sempre
Presto atenção ao que o time está sentindo	( ) nunca ( ) às vezes ( ) sempre
Comunico-me com clareza e transparência	( ) nunca ( ) às vezes ( ) sempre

Falo a verdade	( ) nunca ( ) às vezes ( ) sempre
Faço perguntas genuínas	( ) nunca ( ) às vezes ( ) sempre
Demonstro gratidão pelo trabalho do time	( ) nunca ( ) às vezes ( ) sempre
Priorizo minha agenda para estar disponível para as pessoas do meu time	( ) nunca ( ) às vezes ( ) sempre
Consigo oferecer feedback construtivo diante de alguma falha nos processos	( ) nunca ( ) às vezes ( ) sempre
Acolho críticas e sugestões de melhoria da equipe	( ) nunca ( ) às vezes ( ) sempre
Outro: ______________________	( ) nunca ( ) às vezes ( ) sempre

A compaixão no ambiente corporativo funciona como um mecanismo para construir capital social.

@TONIACASARIN

CAPÍTULO 8

CONEXÃO E COLABORAÇÃO: NÃO EXISTE UMA COISA SEM A OUTRA

"DEFINO CONEXÃO COMO A ENERGIA QUE EXISTE ENTRE AS PESSOAS QUANDO ELAS SE SENTEM VISTAS, OUVIDAS E VALORIZADAS; QUANDO ELAS PODEM DAR E RECEBER SEM JULGAMENTOS; E QUANDO ELAS OBTÊM SUSTENTAÇÃO E FORÇA POR MEIO DO RELACIONAMENTO."

– BRENÉ BROWN

Até aqui, tratamos sobre a consciência, o cuidado, a confiança e a compaixão na liderança. Agora é hora de falar sobre outras duas competências que se ligam às anteriores, que são a conexão e a colaboração. Quando um time está conectado, anda na mesma linha, utiliza a mesma linguagem (mesmo que com ideias diferentes) e consegue fazer do ambiente de trabalho um local mais agradável para todos. Isso tudo sem perder a produtividade. Aliás, se todos estão na mesma direção, a tendência é que essa produtividade aumente.

E o que faz um time ser conectado? A colaboração entre eles. Certa vez, li uma declaração de Michael Gervais, psicólogo que trabalha em parceria com Pete Carroll, técnico do Seattle Seahawks, time da primeira divisão do futebol americano, em que ele dizia que as organizações baseadas em relacionamento têm uma vantagem competitiva distinta, pois, quando as coisas ficam difíceis, os times permanecem conectados, colaborando uns com os outros.[113] Portanto, a conexão é a base da colaboração e essas duas competências andam juntas. Uma leva a outra. Por isso, resolvi abordá-las juntas neste capítulo.

Entende-se por conexão a ligação, o vínculo, entre as pessoas. Já a colaboração é quando essa conexão entre as pessoas entra em sintonia com ideias, soluções e perspectivas que dão origem a novas ideias. Assim como Gervais frisou.

No mundo hiperconectado que vivemos, trabalhar de maneira colaborativa já não é algo que acontece apenas dentro da empresa, mas

113 ABOUT Dr. Michael Gervais. **Finding Mastery**. Disponível em: https://findingmastery.net/about-michael-gervais/. Acesso em: 10 jun. 2022.

se expande e chega até fornecedores, parceiros de negócios, clientes e até mesmo a concorrência, por meio, por exemplo, de parcerias estratégicas. Uma liderança conectada estimula a colaboração entre o time e do time com a empresa e com o mundo externo.

Além disso, ao colocar a conexão e a colaboração em prática, a liderança engaja ativamente as pessoas em todos os processos, até mesmo na tomada de decisão. Quando se tem conexão entre os colaboradores, fica mais fácil entender a interdependência de todos para a realização de um projeto, o impacto de uma mudança em um processo de determinada área e a importância de colaborar. A conexão permite ter a visão do todo e entender que precisamos uns dos outros para atingir objetivos. E que a jornada é muito mais agradável quando estamos conectados. Afinal, mais importante do que a jornada é a companhia.

Portanto, está na hora de conhecer um pouco mais sobre essas duas competências e como elas se relacionam com a metáfora Eu-Nós-Mundo.

CONEXÃO

Como seres humanos, vivemos em sociedade e temos a necessidade de estar em contato uns com os outros. São esses relacionamentos que criam a conexão entre as pessoas. E isso não é só importante para você ter com quem bater um papo ou executar um projeto do trabalho em parceria. Vai além. Pesquisadores atribuem o sucesso da nossa espécie ao quanto somos capazes de nos conectar e colaborar. Precisamos uns dos outros e são essas relações que dão sentido à vida e nos trazem felicidade.

Essa associação foi comprovada em um longo estudo que durou por 75 anos. Durante esse período, pesquisadores de Harvard acompanharam um grupo de 724 homens que tinham acabado de ser aprovados na universidade, dos quais 60% chegaram aos 90 anos. A cada dois anos, os participantes respondiam a um questionário e passavam por uma série de exames físicos e médicos, incluindo neurológicos. O que se observou após quase oito décadas é que a felicidade não estava nas riquezas acumuladas ao longo da vida, nem na fama alcançada ou no cargo de prestígio obtido ao longo do tempo. Embora os participantes tenham apontado esses três fatores como motivos de felicidade no início do estudo, o que se observou é que as relações que cultivaram e mantiveram foram as responsáveis por deixá-los mais felizes. E mais: as boas relações ainda atuaram como um fator protetor do cérebro, ajudando a deixar a memória ativa por mais tempo.[114] Esses são motivos mais do que especiais para manter nossas conexões, tanto na vida pessoal como na profissional.

Para a liderança, essa conexão já se fazia necessária quando o trabalho presencial era majoritário. Agora, com cada vez mais equipes trabalhando remotamente ou no sistema híbrido, manter um time conectado se tornou fundamental. E com esse novo cenário, surgem também desafios. Como criar relações próximas entre o time se o momento do café não existe mais? Se o almoço de todos os dias está cada vez mais raro? Se o happy hour da sexta-feira virou um momento especial, com data agendada, e não mais aquele momento informal? Se as pessoas da equipe não se encontram com frequência?

A resposta para essas perguntas está na conexão. Quando o time está conectado, as pessoas confiam mais umas nas outras, o líder sabe que pode delegar, pois conhece o potencial de cada um, e o clima da organização fica mais saudável. Quanto mais saudável, mais eficiente a equipe é. Não dá mais para acreditar que a melhor maneira de as empresas trabalharem é apostando apenas na lucratividade e deixando esse lado humano de lado. As pessoas precisam ter afinidades em comum, precisam acreditar na liderança e se conectar no nível humano para gerar resultado. Já falei neste livro que, hoje, as pessoas procuram um propósito para escolher o local em que querem trabalhar. E são as conexões que trazem essas pessoas para mais perto da empresa.

114 WALDINGER, R. O que torna uma vida boa? Lições do estudo mais longo sobre a felicidade. **TEDTalks**. Disponível em: https://www.ted.com/talks/robert_waldinger_what_makes_a_good_life_lessons_from_the_longest_study_on_happiness?language=pt. Acesso em: 7 jun. 2022.

Uma das maneiras de fortalecer essa competência é manter-se conectado com as pessoas frequentemente. Saber o que elas fazem, do que gostam, como gostam de ser tratadas e assim por diante. Outra é mostrar o quanto se importa com elas. Bob Chapman, eleito um dos melhores CEOs do mundo, diz que "medimos o sucesso da liderança pela maneira como tocamos a vida das pessoas".[115] E isso só se dá com quem se importa com o outro e mantém uma conexão com quem está ao redor. Para Chapman, inclusive, a liderança tem uma força grande para reparar a desconexão promovida pelo crescimento das redes sociais. Ele propõe uma reflexão: "será que a falta de realização na vida cotidiana, impulsionada por empregos em que os trabalhadores são vistos como funções ou objetos, e não como pessoas, causa uma desconexão com o mundo que faz com que uma pessoa procure uma vida virtual para validar o que está lhe faltando?".[116] Para quem vive sozinho, os colegas do trabalho são os únicos com quem se tem uma relação diária, portanto, a conexão torna-se fundamental.

Outro fator que gera conexão com as pessoas é mostrar-se vulnerável. A vulnerabilidade coloca todos no mesmo patamar, em que um se reconhece no outro, independentemente do cargo que ocupe. O que aconteceu com Patrick Eckert, CEO da Roche Farma Brasil, mostra isso. Em março de 2021, ainda em meio à pandemia de covid-19, ele revelou em uma entrevista que teve de terminar uma reunião porque os filhos estavam com fome e era a sua vez de cozinhar.[117] A situação é engraçada – sim, todos riram quando o líder contou o que precisava fazer –, mas revela que ele também estava precisando se adaptar à nova rotina. É como se acendesse

115 CHAPMAN, B. The Value of Identifying Values. **Barry Wehmiller**, 17 abr. 2013. Disponível em: https://www.barrywehmiller.com/post/blog/2020/03/05/the-value-of-identifying-values. Acesso em: 7 jun. 2022.

116 CHAPMAN, B. Mending the (Dis)Connection. **Barry Wehmiller**, 28 abr. 2022. Disponível em: https://www.barrywehmiller.com/post/blog/2022/04/27/mending-the-(dis)connection. Acesso em: 7 jun. 2022.

117 DINIZ, D. O CEO que lava louça e a importância da vulnerabilidade. **HSM Management**, 16 mar. Disponível em: https://www.revistahsm.com.br/post/o-ceo-que-lava-louca-e-a-importancia-da-vulnerabilidade. Acesso em: 7 jun. 2022.

uma luz na cabeça dos colaboradores dizendo "nossa, ele também passa pelo que nós passamos". Eckert não teve medo de se mostrar vulnerável e, colocando-se nessa posição, criou uma poderosa conexão com os colaboradores.

A vulnerabilidade é uma força de caráter que permite liderar pelo exemplo, mostrando-se humano e dando permissão para que os colaboradores também demonstrem a própria humanidade. Angela Kambouris, especialista em vulnerabilidade e trauma, ressalta que "a vulnerabilidade dificilmente é uma característica que os líderes correm para adotar, mas pode construir relacionamentos mais profundos e leais e permite que as pessoas se entreguem ao trabalho. Um dos atos mais ousados de uma liderança é ser publicamente vulnerável aos seus funcionários e, por extensão, ao mundo".[118] Dessa maneira, a liderança dá o exemplo e permite que a equipe se sinta segura e confortável para se abrir. O segredo da conexão é a vulnerabilidade mútua. Além de criar essa proximidade com os colaboradores, o CEO da Roche ainda mostrou a sua história. E histórias de vulnerabilidade conectam pessoas.

Uma liderança conectada incentiva o diálogo honesto entre o time e consegue motivá-lo a dar o melhor de si, a se desenvolver e aprender. Ou seja, consegue estimulá-lo para que cada um seja sua melhor versão possível. Assim, os colaboradores sentem-se valorizados e compreendidos – dois fatores determinantes para aumentar o engajamento e o comprometimento.[119] As conexões ainda ajudam as pessoas a serem mais resilientes frente aos desafios profissionais, conforme publicou a revista *Harvard Business Review*. Essa rede de relacionamentos bem desenvolvida mostra-se fundamental para encarar os problemas e encontrar maneiras de resolvê-los, seja ajudando a dar sentido a uma nova política implementada, a encontrar

118 KAMBOURIS, A. Being Vulnerable Is the Boldest Act of Business Leadership. **Entrepreneur**, 19 mar. 2018. Disponível em: https://www.entrepreneur.com/article/309784. Acesso em: 8 jun. 2022.

119 MARSH, E. The Psychology of Connected Leadership. **T-three**, 9 jul. 2019. Disponível em: https://www.t-three.com/thinking-space/blog/the-psychology-of-connected-leadership. Acesso em: 20 maio 2022.

confiança para recuar em algumas situações e se defender, a encontrar um novo caminho, a lembrar do propósito do trabalho, a manter a perspectiva positiva quando os problemas surgem e até mesmo a rir de si mesmo ou de alguma situação cotidiana.[120] Por outro lado, quando os indivíduos não se sentem conectados às suas equipes, eles não se sentem psicologicamente seguros e o índice de engajamento no trabalho cai.

Apesar de todos esses benefícios, ainda existem líderes que preferem manter uma certa distância dos colaboradores. Por que ainda acham que esse relacionamento pode atrapalhar o cumprimento de metas e regras? A quem pensa assim, resta aprender a se conectar melhor e colher os benefícios dessa real conexão humana.

COLABORAÇÃO

Em uma empresa, a colaboração pressupõe a existência de uma estrutura multiorganizacional – em que todos são ouvidos e suas ideias são consideradas – e a criação de uma cultura mais aberta e empoderada. É o contrário do sistema de comando e controle.

O papel da liderança não pode ser de um observador das colaborações que os trabalhadores fazem ou só de um incentivador para que tais relações se tornem concretas, mas sim o de um conector. Partem dele as iniciativas para que esse ambiente colaborativo seja instaurado e, mais do que isso, faça parte da cultura da empresa.

Uma liderança colaborativa, de acordo com uma pesquisa que analisou o desempenho dos melhores CEOs do mundo, possui quatro habilidades fundamentais. A primeira é justamente esse papel de **conector** que falamos. A segunda é a capacidade de **atrair talentos** diversos – afinal, quanto mais diferentes forem os perfis dentro de uma empresa, maior é a possibilidade de trocar ideias

120 CROSS, R.; DILLON, K.; GREENBERG, D. The Secret to Building Resilience. **Harvard Business Review**, 29 jan. 2021. Disponível em: https://hbr.org/2021/01/the-secret-to-building-resilience. Acesso em: 22 maio 2022.

e experiências. A terceira é a habilidade de **manter a colaboração** do time como uma das prioridades. E a quarta é mostrar **firmeza** para evitar que as equipes se envolvam em debates infrutíferos ou reuniões intermináveis,[121] mesmo que todos queiram colaborar.

De imediato, essa última habilidade parece se contrapor a tudo o que falamos sobre ambientes colaborativos. Afinal, se a ideia é incentivar trocas, como a liderança pode frear um debate? O que acontece é que, na ânsia de colaborar com novas ideias, um time pode se tornar um arrastador de problemas, afastando-se da solução. Os debates e a construção de ideias sempre serão bem-vindos, e a liderança precisa deixar isso claro para todos. Porém, também deve esclarecer a regra de que, se não houver um consenso, ela mesma toma a decisão e todos os envolvidos precisam acatá-la. Como é possível perceber, a colaboração não perdeu seu espaço; pelo contrário: ela foi privilegiada durante o debate e também na tomada de decisão, já que o time junto, em colaboração uns com os outros, sabe a importância de se chegar a uma conclusão para solucionar determinado problema colocado em pauta. Isso também é colaborar!

Esse entendimento só acontece quando a liderança trabalha na construção de relacionamento. Isso leva tempo e energia, porém é fundamental para que todos consigam lidar com os conflitos de maneira construtiva.

Ao abrir espaço de fala e oportunidade para expor ideias e trocar conhecimentos, a cultura colaborativa cria um ambiente ainda mais propício à inovação. Isso porque ela consegue captar ampla gama de propostas criativas ou recursos que aumentam as chances de encontrar soluções inovadoras. Cada pessoa pode dar sugestões diferentes que se complementam às outras e, assim, vai-se criando esse clima, em constante movimento, de olhar para o futuro e criar propostas para os problemas atuais.

121 IBARRA, H.; HANSEN, M. T. Are You a Collaborative Leader? **Harvard Business Review**, jul.-ago. 2011. Disponível em: https://hbr.org/2011/07/are-you-a-collaborative-leader. Acesso em: 6 jul. 2022.

A vulnerabilidade coloca todos no mesmo patamar, em que um se reconhece no outro, independentemente do cargo que ocupe.

@TONIACASARIN

Em tempos de VUCA e BANI, não é possível mais se limitar a apenas uma mente para resolver problemas. Já falamos outras vezes que a liderança não tem todas as respostas. Quanto mais pessoas, mais perspectivas e mais pensamentos diferentes são conectados a um mesmo propósito, melhores resultados são obtidos e, consequentemente, maior é a chance de algo inovador ser o resultado dessa interação. Sem a colaboração, isso seria impossível.

A empresa que ainda coloca sobre as costas de uma mesma pessoa a responsabilidade de achar as soluções está cometendo um erro grave. Em qualquer situação, quando há apenas uma pessoa solucionadora de problemas, há chances de ela recorrer ao modo de operação que sempre foi usado para encontrar as respostas de que precisa. Um modelo padrão que pode até resolver determinada questão, mas que em nada aponta para o futuro. Isso impede as organizações de pensarem fora da caixa e de sobreviverem a um mundo em constante mudança.

Algumas estruturas de empresas acabam favorecendo o trabalho em silos, com as pessoas agindo de maneira distante e sem rituais estruturados de trocas e compartilhamento de informações. Agora sabe-se que isso não é nem um pouco saudável e muito menos inovador. As empresas mais inovadoras estão trabalhando de modo interligado, em que um departamento depende do outro ou atua em parceria com outro para atingir os objetivos da organização. Liderar projetos entre equipes é sempre um desafio para os gestores, e a colaboração é fundamental para romper esses silos e mudar a maneira como as pessoas trabalham em busca de um objetivo comum.

Dessa maneira, fica ainda mais claro como precisamos nos conectar para que possamos colaborar. Os problemas são mais complexos e a tendência à especialização acaba deixando as empresas organizadas por setor, produtos, linhas de serviço ou geografias. Precisamos aproveitar a tecnologia como ferramenta para conexão e colaboração. Porém, as organizações devem evitar uma abordagem míope de olhar a colaboração de um ângulo puramente tecnológico, pois a conexão humana é o pilar para construir um ecossistema colaborativo.

Paralelamente ao aumento da inovação, ambientes colaborativos também estimulam a produtividade dos funcionários. Um estudo realizado pelo Babson College e pelo Institute for Corporate Productivity, ambos nos Estados Unidos, mostrou que as empresas que promovem o trabalho colaborativo têm cinco vezes mais chances de ter alto desempenho.[122]

Quem está disposto a perder todo esse potencial? Portanto, é para ontem a urgência de cultivar ambientes colaborativos – algo que não beneficiará somente a liderança, mas todos os envolvidos e o mundo que nos cerca.

Muita gente imagina que escrever um livro é um trabalho solitário. Mas a colaboração e a conexão nesse processo são fundamentais. Ao escrever este livro, busquei conversar e entrevistar lideranças aqui no Vale do Silício e no Brasil, para entender dores e medos e como estavam lidando com tantos desafios. Conversei também com vários profissionais de RH, que colaboraram com visões e perspectivas em relação aos obstáculos em um momento de tantas mudanças nas relações de trabalho. Meus familiares e amigos também fizeram parte dessa jornada ao me incentivarem nos momentos em que eu não consegui traduzir ideias em palavras. Outros amigos autores também colaboraram ao compartilhar o processo de escrita deles. Todas essas pessoas se conectaram com a minha causa ao escrever o livro e com meu desafio de torná-lo realidade. E esta obra só pode estar em suas mãos porque tem um time conectado ao propósito que trabalhou nela reescrevendo, editando, diagramando, imprimindo, pensando na estratégia de lançamento, publicando nas redes sociais e a distribuindo até chegar na sua casa. **O livro é publicado, mas a obra não é só do autor: tem muita conexão e colaboração por trás de cada palavra.**

122 GASKELL, A. New Study Finds That Collaboration Drives Workplace Performance. **Forbes**, 22 jun. 2017. Disponível em: https://www.forbes.com/sites/adigaskell/2017/06/22/new-study-finds-that-collaboration-drives-workplace-performance/. Acesso em: 5 jul. 2022.

A CONEXÃO, A COLABORAÇÃO E O EU, O NÓS E O MUNDO

A conexão e a colaboração com o eu estão ligadas ao autoconhecimento e ao autodesenvolvimento. No capítulo 4, em que falamos sobre consciência, já abordamos a importância do autoconhecimento, mas permita-me retomá-lo, pois esse conhecimento de si mesmo é a porta da conexão. Quem se conecta consigo, sabe seus desejos e defeitos, conhece seus valores, suas forças, do que gosta de fazer e, assim, está mais preparado para se relacionar com outras pessoas.

Conectar-se consigo mesmo é o princípio para desenvolver a liderança que você quer ser no futuro. Nesse processo, é importante refletir sobre o impacto que o seu mindset e comportamento têm sobre você mesmo e também sobre as pessoas. Nossa autenticidade está em nos mostrar para os outros como realmente somos. E a escolha de nos tornarmos lideranças passa por nos conectarmos com os outros e refletirmos sobre como gostaríamos de ser reconhecidos nessa conexão.[123] Quando você sentir essa conexão consigo mesmo é que estará preparado para fortalecer os relacionamentos com as pessoas do time.

Já o autodesenvolvimento está ligado ao seu propósito, suas potencialidades, suas habilidades e o que você espera do trabalho que realiza. É o entendimento do que lhe realiza profissionalmente, da busca para o seu futuro e das habilidades que ainda precisa desenvolver. Nessa jornada, você também vai precisar lidar com frustrações, medos, decepções, traumas que vão mostrar com mais clareza quem você é e o que faz sentido para você e para o seu desenvolvimento.

Praticar o autodesenvolvimento ajudará a liderança a entender a própria história de vida, a função dentro e fora da empresa e os diferentes papéis que serão desempenhados na vida pessoal e profissional. Quem se preocupa em se autodesenvolver tem como resultado

123 MOUTINHO, M.; ARNOLD, T. The Little Book for... The Connected Leader. **T-three.** Disponível em: https://content.t-three.com/hubfs/Docs/Q1-4/Conversion_Assets/the-little-book-for-the-connected-leader.pdf. Acesso em: 23 maio 2022.

um crescimento emocional, social, espiritual e mental, além do ganho em competências e habilidades para o trabalho. Pessoas que buscam esse crescimento interno são abertas a novas experiências e não se incomodam em mudar conceitos e percepções sobre determinado assunto.[124] Essa mudança de direção torna a liderança mais aberta a explorar oportunidades de adquirir conhecimentos de outras pessoas.

Assim, a colaboração surge justamente da conexão em entender que não sou completo no eu e, por isso, preciso colaborar com os outros para transformá-los em nós. Aprendemos muito sobre nós mesmos nas relações humanas nos feedbacks diários que recebemos, nas nossas interações e também nos processos de feedbacks formais dentro das empresas. Quando executivos conseguem entender isso e incorporar a colaboração com sucesso na empresa, criam transparência entre as equipes. Essa transparência promove um ambiente de abertura, confiança e conforto, que permite aos colaboradores compartilhar livremente perspectivas, vozes, opiniões e ideias, etapa importante no processo de inovação,[125] do qual já falamos neste capítulo.

Os colaboradores só vão conseguir se sentir pertencentes a um lugar, colaborando para o mesmo objetivo, se sentirem-se conectados com a empresa. E lembra quem é o conector dessa relação? O líder.

Não à toa, muitas empresas buscam trabalhar em sua cultura o pertencimento, com a diversidade, a inclusão e a equidade, como parte da estratégia de engajamento. O sentimento de pertencimento passa pela conexão e pela colaboração: os indivíduos sentem que têm relacionamentos significativos com colegas de trabalho

124 SARTOR, I. Autodesenvolvimento: o que é, sua importância e como alcançá-lo. **Rock Content**, 7 nov. 2019. Disponível em: https://rockcontent.com/br/talent-blog/o-que-e-autodesenvolvimento/. Acesso em: 5 jul. 2022.

125 DIFRANZA, A. Collaborative Leadership: What It Is & Why It's Important. **Northeastern University**, 16 out. 2019. Disponível em: https://www.northeastern.edu/graduate/blog/collaborative-leadership. Acesso em: 5 jul. 2022.

e equipes e estão conectados aos objetivos da organização[126] e ao seu propósito.

A tendência é que as pessoas tenham melhor desempenho e ainda permaneçam mais tempo trabalhando na empresa. Quem faz essa afirmação é o consultor de carreira Michael Lee Stallard, autor do livro *Connection Culture* (ATD, 2020). Para ele, os colaboradores com alto grau de conexão são mais engajados, mais produtivos em seus trabalhos e menos propensos a sair para um concorrente.[127] E quanto mais estreitos forem esses laços, maior será também a satisfação com a empresa. Uma pesquisa feita pelo The Institute of Leadership and Management, na Inglaterra, constatou que 77% dos entrevistados apontam que construir relacionamentos verdadeiros com os colegas de trabalho é o fator mais importante para determinar a satisfação no ambiente organizacional. Muito à frente do salário, apontado como determinante de satisfação para 34% das pessoas que participaram da enquete.[128]

Outro fator importante é que equipes conectadas e colaborativas trabalham melhor na execução de projetos e tornam a cultura da empresa mais saudável. Mesmo quando houver algum atrito ou alguma discordância entre as pessoas, a proximidade desses relacionamentos determinará como o assunto será resolvido. Essa foi outra descoberta da pesquisa feita durante 75 anos por Harvard. Os pesquisadores detectaram que manter boas relações não significa viver pacificamente com as demais pessoas: as discussões existem, as divergências são colocadas à mesa, mas enquanto os envolvidos sentem que podem contar uns com os outros, esses momentos de

126 BORDEAUX, C.; GRACE, B.; SABHERWAL, N. Elevating the Workforce Experience: The Belonging Relationship. **Deloitte**, 23 nov. 2021. Disponível em: https://www2.deloitte.com/us/en/blog/human-capital-blog/2021/what-is-belonging-in-the-workplace.html. Acesso em: 18 jul. 2022.

127 TRAPP, R. Why Successful Leadership Depends On Connections. **Forbes**, 26 maio 2015. Disponível em: https://www.forbes.com/sites/rogertrapp/2015/05/26/why-successful-leadership-depends-on-connections/?sh=64df917122ba. Acesso em: 4 jul. 2022.

128 NEW Decade, New Direction. **The Institute of Leadership & Management**. Disponível em: https://www.institutelm.com/resourceLibrary/new-decade-new-direction.html. Acesso em: 5 jul. 2022.

tensão não ficam na memória. Por outro lado, se o time não estiver conectado, as discussões podem se transformar em rancor, podem ser encaradas como traição, e isso tende a se transformar em um grande problema para ser resolvido pela liderança.

Quando as pessoas incorporam essa cultura, a colaboração impera até mesmo em momentos de crise, em que a tendência é cada um tentar salvar a si mesmo. Eles entendem que juntos são mais fortes para enfrentar as intempéries e que vale a pena se esforçarem para enfrentar um momento delicado priorizando a coletividade.

E como a gota que cai no oceano e continua a provocar ondas, a conexão e a colaboração podem ter um impacto maior e partir do nós para o mundo. As organizações são agentes de transformação da sociedade. O ESG está aí para mostrar a responsabilidade que as empresas precisam assumir com o mundo. Mas, antes, é preciso se conectar com o que está acontecendo nele.

A KIND Bars, por exemplo, demorou um ano para encontrar a fórmula perfeita das barrinhas de cereal para que fossem saudáveis (com baixo teor de açúcar), saborosas e crocantes.[129] Daniel Lubetzky, ao fundar a empresa, tinha o propósito de lançar a primeira barra feita com frutas reais e nozes inteiras, pensando no bem-estar de quem consumiria o produto. Até então, os produtos desta categoria eram divididos praticamente em dois tipos: os deliciosos e impregnados de açúcar; e os sem açúcar, porém, com sabor desagradável. Antes de pensar no lucro, a empresa se comprometeu em oferecer uma barra nutritiva, saudável e saborosa, focando o impacto que isso causaria na saúde das pessoas. Essa ideia está alinhada com o compromisso de Lubetzky de usar o seu negócio como um veículo de mudança social. Assim, com a ideia de lançar o produto ideal, o fundador também criou ações para se conectar com as pessoas, sejam consumidoras dos seus produtos ou não.

129 HAEN, J. The Zero-Compromises Product Strategy. **Inc.**, dez. 2013-jan. 2014. Disponível em: https://www.inc.com/magazine/201312/jeff-haden/kind-healthy-snacks-uses-a-different-approach.html. Acesso em: 4 jul. 2022.

Uma dessas ações é o Movimento KIND que, a partir do slogan das barrinhas – "Faça o bem" –, a empresa inspira a comunidade a registrar, em seu site, atos de gentileza inesperados. Enquanto este livro estava sendo escrito, já passavam de 17 milhões de registros. Daniel também criou a Fundação KIND, que trabalha para criar comunidades mais gentis e empáticas pelo mundo. Uma das iniciativas é o Empatico, que ajuda a ampliar a visão de mundo das crianças por meio da conexão humana e de interações significativas com colegas da mesma faixa etária em todo o mundo. São conexões que começam a ser fortalecidas desde a infância. Estes são apenas dois exemplos, a empresa ainda criou outras organizações, mas sempre com a mesma ideia: ser um meio para construir pontes entre as pessoas.[130]

Assim como a KIND (que significa gentil), as empresas estão vendo que as conexões que elas são capazes de criar e de fortalecer ajudam a perpetuar os negócios, mas também vão muito além disso. Elas têm a missão de colaborar para deixar uma sociedade melhor e mais consciente de que todos podem trabalhar juntos para fazer do mundo um lugar melhor.

Nesse mundo em constante transformação que vivemos, só conseguiremos evoluir como cidadãos colaborando para essa construção de um amanhã melhor. **Cada um fazendo a sua parte em um eterno sistema conectado e em que um colabora com o outro. Isso é ser humano. Isso é pensar no próximo. É disso que se trata a liderança exponencial.**

130 DANIEL Lubetzky, KIND Snacks Founder. **KIND**. Disponível em: https://www.kindsnacks.com/daniel-lubetzky.html. Acesso em: 4 jul. 2022.

CONEXÃO E COLABORAÇÃO:
um convite para colocar estas competências em prática

AS REUNIÕES TAMBÉM SÃO OPORTUNIDADES PARA A CONEXÃO

Embora todos nós saibamos que as reuniões, se não forem bem conduzidas ou não tiverem pautas claras, podem se transformar em atividades improdutivas, esses encontros podem contribuir – e muito – para fortalecer a conexão do time.

Um estudo realizado em 2015 com 2,5 milhões de profissionais em 195 países mostrou que o engajamento melhora quando as equipes têm alguma forma de interação diária com seus líderes.[131] Além do alinhamento entre todos, as reuniões têm o papel de estabelecer vínculos, de serem momentos também para reconhecer as conquistas dos membros da equipe.

QUEBRANDO OS SILOS

Para construir uma cultura colaborativa, a liderança deve colocar alguns passos em ação para as pessoas aprenderem a trabalhar de maneira diferente. Carl Zangerl, professor do Northeastern College of Professional Studies, sugere três passos:[132]

1. **Articule uma visão clara:** a liderança deve deixar todos informados de que a colaboração faz parte da cultura da organização. Sem isso, os profissionais terão dificuldade em saber como devem trabalhar e ficarão mais receosos em quebrar o padrão e assumir esse novo modelo de trabalho.
2. **Seja exemplo:** as pessoas modelam seu comportamento com base no que veem as lideranças fazendo. Se elas virem líderes aplicando o comportamento colaborativo é mais provável que também o façam, sem questionamento ou dificuldade. Elas estarão apenas seguindo o exemplo.

131 ROSS, M. C. 8 Tips For Leaders To Increase Connection In Their Teams. **Marie-Claire Ross**, 7 out. 2020. Disponível em: https://www.marie-claireross.com/blog/2017/11/12/8-tips-for-leaders-to-increase-connection-in-their-teams. Acesso em: 30 ago. 2022.

132 DIFRANZA, A. *op. cit.*

3. **Crie o ambiente:** em um ambiente colaborativo, existe confiança entre as pessoas, transparência e foco na construção de relacionamento. As pessoas se sentem seguras para expor ideias. Por outro lado, a liderança é orientada para a equipe e sabe ouvir.

COLABORANDO DENTRO DE CASA

Incentive a colaboração no seu time e o compartilhamento de perspectivas diversas na discussão de tópicos e projetos da sua área.

- Convide pessoas de áreas diversas para colaborar em projetos com seu time, ainda que não tenham nenhuma conexão específica com o trabalho em questão. Visões de mundo diversas contribuem para a colaboração;
- Quando possível, convide pessoas de fora da empresa para contribuir com discussões de projetos e ideias. A perspectiva externa pode surpreender e criar colaborações inesperadas.

Conectar-se
consigo mesmo
é o princípio
para desenvolver
a liderança que
você quer ser
no futuro.

@TONIACASARIN

CAPÍTULO 9

CAUSA:
CLAREZA SOBRE A DIREÇÃO A QUAL ESTAMOS SEGUINDO

"TER UM PROPÓSITO É A DIFERENÇA ENTRE TER UMA VIDA E FAZER UMA VIDA."
– TOM THISS

Causa, ou propósito, traz em sua definição o fator inspiração. O motivo pelo qual acreditamos que vale a pena fazer aquilo que fazemos, seja na vida pessoal ou na profissional – bom, já falamos aqui que somos seres integrais e essa separação entre vida pessoal e profissional sempre foi uma ilusão. Este tema vem ganhando cada vez mais força e relevância dentro das organizações, afinal é pela causa que os colaboradores escolhem trabalhar para uma empresa; é por ela que se sentem motivados a acordar todos os dias e começar seu trabalho: porque veem sentido e significado nas atividades que estão desempenhando.

Para Simon Sinek, a causa é aquilo que você imagina de bom, de benéfico para um futuro que ainda não existe e que você nem sabe se alcançará, porém, faz um esforço para persegui-la. Vai além do dinheiro. É algo que não pertence a você nem somente ao outro, é algo que conecta ambos. Como exemplo, Sinek cita Martin Luther King, que lutou contra a discriminação racial em favor da liberdade e da igualdade de direitos civis nos Estados Unidos. Com essa causa, o líder imaginou um mundo diferente. Hoje nós avançamos, mas não chegamos ao mundo idealizado por Martin Luther King. Ainda assim, isso não o impediu de lutar pela causa que acreditava.[133]

Sinek destaca quatro características fundamentais para uma causa capaz de mobilizar grupos de pessoas: **inclusiva** (aberta para todos); **voltada ao serviço** (em benefício dos outros); **resiliente** (capaz de se adaptar às mudanças, sejam sociais, políticas, organizacionais

133 SINEK, S. What Is a Just Case? **YouTube**, 17 out. 2019. Disponível em: https://www.youtube.com/watch?v=Kjewa6fbmAA. Acesso em: 10 jul. 2022.

etc.); e **ligada a um ideal**. Repare que na causa de Martin Luther King, todas essas características estão presentes.

A causa ainda tem outro atributo: está ligada aos seus valores e suas crenças. Você só consegue acreditar e abraçar de verdade uma causa se ela se encaixa naquilo que você acredita. Talvez por isso, a causa tem se tornado protagonista na sociedade em que vivemos com cada vez mais pessoas falando sobre esse assunto.

Um estudo feito pela Ernst & Young e a Saïd Business School (escola de negócios da Universidade de Oxford, na Inglaterra) descobriu que o diálogo público sobre propósito aumentou cinco vezes entre 1995 e 2014.[134] A maior responsável por esse burburinho é a geração Y, ou *millenials* (nascidos entre 1981 e 1995), que tem uma visão muito clara sobre a importância do propósito. Uma pesquisa detectou que 63% deles acreditam que o principal objetivo de uma empresa é "melhorar a sociedade", e que "gerar lucro" deveria vir depois disso. Portanto, quando entram no mercado de trabalho, o que eles procuram não é só um salário, mas uma causa para seguir. Não dá para desprezar esses dados, principalmente se considerarmos que essa geração é a maior força de trabalho nos tempos atuais. Além disso, a geração seguinte, a Z (nascida de 1996 a 2010), anda pelo mesmo caminho e não há indícios, por enquanto, que a Alpha (após 2010) seja diferente. Portanto, como diz Daniel Goleman, um dos grandes especialistas em inteligência emocional, as empresas que ignoram a importância de ter uma causa estão assumindo grandes riscos,[135] não somente junto a seus colaboradores, como também com seus clientes.

Mas para a causa se tornar algo que reverbere não basta apenas defini-la, é preciso difundi-la de maneira intencional. Em uma empresa, a causa deve ser clara e compartilhada entre todos para que

134 WHY Business Must Harness the Power of Purpose. EY, 15 dez. 2020. Disponível em: https://www.ey.com/en_gl/purpose/why-business-must-harness-the-power-of-purpose. Acesso em: 12 jul. 2022.

135 GOLEMAN, D. Millennials: The Purpose Generation. **Korn Ferry**. Disponível em: https://www.kornferry.com/insights/this-week-in-leadership/millennials-purpose-generation. Acesso em: 11 jul. 2022.

se torne algo verdadeiramente presente no dia a dia do negócio. E os primeiros porta-vozes dela são os líderes.

Se a liderança não estiver totalmente comprometida com a causa, ou está no lugar errado ou a causa precisa ser alterada, porque a desconexão fica clara e é vista como falta de autenticidade e discurso vazio dentro da empresa. A causa é inspiracional e é ela que move a liderança a encontrar outras pessoas que vão se engajar no mesmo objetivo. Colaboradores conectados com a causa são resilientes para lidar com os desafios da organização e escolhem ficar porque consideram que vale a pena. A retenção é tão grande que trabalhadores que reconhecem o significado da causa de uma empresa são quatro vezes mais propensos a amar o seu trabalho.[136] Por outro lado, quando não enxergam esse porquê, a tendência é que essas pessoas procurem o que acreditam em outro lugar ou em outra atividade que seja mais significativa para elas.

O propósito também é determinante para as decisões do consumidor que, a partir do que acredita e com o que se identifica, decide comprar ou não de determinada empresa. E vale lembrar que essas gerações as quais citamos também são o maior mercado consumidor de agora e das próximas décadas. Elas podem nem ter tanto valor de compra nas mãos, se comparadas às gerações anteriores, mas compensam em influência. Um estudo mostrou que 87% dos pais da geração Z são influenciados pelos filhos na hora de decidir sobre uma compra.[137] Além disso, eles não se preocupam em virar as costas para uma empresa se sentem que ela não segue uma causa justa ou se age de maneira desalinhada aos seus valores.

136 THE Future of Work is Human: 2019 International Employee Survey Report. *op. cit.*

137 BARTON, R. et al. GENERATION P(urpose): From Fidelity to Future Value. **Accenture**. Disponível em: https://www.accenture.com/_acnmedia/pdf-117/accenture-generation-p-urpose-pov.pdf. Acesso em: 10 jul. 2022.

Mas como encontrar a sua causa? Primeiro, quero desmistificar a ideia de que você encontra a sua causa. Você cria a própria causa. Ela é o centro das suas ações. É a partir dela que uma empresa define sua missão, sua visão e seus valores. Para ficar mais fácil de entender, vou usar o *Golden Circle* (em português, Círculo Dourado), metodologia criada por Simon Sinek para ajudar as empresas a gerar valor e criar impacto no mundo a partir do propósito. Ele é representado por três círculos, com três perguntas centrais.[138]

Repare que no centro, onde tudo começa, está o *porquê,* justamente, o propósito ou a causa da empresa, a sua razão de existir. Isso significa que antes de qualquer ação, uma organização precisa encontrar a sua causa ou propósito. Depois vem o *como,* quais são as estratégias para se chegar ao sucesso a partir do propósito. E, por último, vem o *o quê*, os serviços ou produtos oferecidos pela empresa.

Ao entender o *Golden Circle*, as empresas e as lideranças compreendem a importância de agir de dentro para fora. Primeiro mostra-se a razão de suas ações para depois colocá-las em prática. Começar pelo *porquê*, pela causa, faz com o que a resposta das pessoas seja assertiva, já que elas têm um propósito claro em comum.[139]

138 SINEK, S. How Great Leaders Inspire Action. **YouTube**, 4 maio 2010. Disponível em: https://youtu.be/qp0HIF3SfI4. Acesso em: 10 jul. 2022.

139 SILVA, D. O que é o Golden Circle. **Zendesk**, 21 mar. 2021. Disponível em: https://www.zendesk.com.br/blog/o-que-e-golden-circle/. Acesso em: 13 jul. 2022.

Essa compreensão influencia – e muito – decisões estratégicas. A Lego tem um caso que mostra como é importante pensar no centro do *Golden Circle*. O propósito da fabricante de peças de encaixar é "inspirar e desenvolver os construtores do amanhã". A ideia por trás disso é ajudar as crianças – todas elas – a usar a criatividade e desenvolver o raciocínio enquanto brincam construindo. Porém, em uma pesquisa encomendada pela empresa, descobriu-se que o brinquedo estava muito mais ligado aos meninos do que às meninas. Quase 80% dos pais entrevistados encorajariam seus filhos a brincar com as peças de Lego, enquanto apenas 24% o fariam com suas filhas. Ora, se a missão da empresa é inspirar todas as crianças, isso não estava acontecendo de verdade. Segundo a Lego, as meninas estariam sendo prejudicadas por atitudes desiguais e restritivas em relação à criatividade e às brincadeiras. Assim, anunciou um plano para remover a discriminação de gênero de seus produtos e cumprir seu papel para ajudar a "sociedade a reconstruir percepções, ações e palavras para apoiar o empoderamento de todas as crianças", como a própria empresa se posicionou.[140] O que está por trás disso é mais do que vender Lego para as meninas, mas sim fazer valer o propósito com o qual ela se comprometeu.

Aliás, engajar as pessoas em uma causa é um dos novos desafios para as empresas e para as lideranças. O propósito precisa ser verdadeiro e, além disso, ser comunicado para dentro e para fora da organização. Não basta ter uma placa bonita com os dizeres da sua causa na porta de entrada, é preciso que esse ideal se reflita na tomada de decisão, no engajamento dos colaboradores, nos serviços e produtos, nos processos internos, nos posts das redes sociais, nas palavras usadas em seus discursos, enfim, em todos os pontos de contato que a organização tiver. Essa é a maneira de tangibilizar o inspiracional. É quando a frase deixa de ser apenas bonita e vira realidade. O que os estadunidenses chamam de *walk the talk*, ou seja, fazer o que se fala.

140 HILLS, M. C. Lego pledges to remove 'gender bias' from its products. CNN, 12 out. 2021. Disponível em: https://edition.cnn.com/style/article/lego-gender-bias-toys-study/index.html. Acesso em: 15 jul. 2022.

Mas para a causa
se tornar algo
que reverbere
não basta
apenas defini-la,
é preciso difundi-la
de maneira
intencional.

@TONIACASARIN

A CAUSA E O EU, O NÓS E O MUNDO

Se a causa tem estreita relação com valores e crenças pessoais, cabe à liderança conhecer, primeiramente, no que ela acredita, para depois conseguir trabalhar em uma causa coletiva. O autoconhecimento de que tanto falamos no capítulo sobre consciência, mais uma vez, deve ser desenvolvido. Vivemos em uma sociedade acostumada a buscar no campo externo a definição de si mesma e a própria felicidade. Para a pesquisadora Marcia Amaral de Moraes, do Instituto Federal do Rio Grande do Sul (IFRS), nós somos treinados a buscar nas prateleiras dos supermercados ou nas lojas dos shoppings centers os produtos que vão garantir a nossa própria felicidade – e assim nos perdemos de nós mesmos.[141] Precisamos, urgentemente, recuperar a habilidade de olhar para nós mesmos, de recuperar o nosso centro de bem-estar e de saber em que acreditamos. Só assim poderemos criar nossa causa.

Como vimos, a causa tem mais a ver com o futuro do que com o presente. É sobre saber para onde você está indo – e esta é uma resposta que só pode ser encontrada dentro de si. A partir do momento que você se entende e se vê nesse encontro de autoconhecimento, pode também perceber como a sua causa pessoal se sobrepõe e se relaciona com outras, seja dentro da sua família, na sua comunidade ou no seu trabalho.

Quando olhamos para dentro de uma organização, é papel das lideranças reconhecer a causa do negócio e como ela se conecta com as causas e motivações pessoais dos colaboradores. Será essa conexão que fará com que todos a entendam, a enxerguem nas atitudes diárias e reconheçam como o próprio trabalho tem função importante para essa busca. Este é o caminho para uma causa deixar de ser apenas de uma pessoa – do eu – e passar a ser de todos nós.

A responsabilidade da liderança não é ficar presa a resultados apenas, mas sim criar equipes nas quais as pessoas cuidem umas

141 MORAES, M. A. C. Autoconhecimento e propósito de vida: felicidade. **TEDx Talks**, 26 fev. 2016. Disponível em: https://youtu.be/rvbAmJr5Pzo. Acesso em: 15 jul. 2022.

das outras e que, juntas, encontrem caminhos para avançar cada vez mais em direção à causa. A atenção dada ao propósito vem crescendo tanto que grandes empresas, como Nike, Adidas e Visa, já criaram o cargo de VP de propósito e impacto. Esse profissional é o responsável por contar a história do propósito da marca, mostrar que ela existe além do lucro, que apoia uma causa maior, e também por impulsionar a estratégia de propósito e o planejamento do impacto das ações, interna e externamente.

Falamos muito de engajamento de lideranças e colaboradores, mas vale salientar que todos os níveis da empresa precisam abraçar a causa. A cultura do propósito deve começar do topo e, a partir daí, amplificar-se por toda a organização. Esse poder de influência ajudará com que os demais colaboradores se sintam motivados para acreditar na causa, e eles próprios acabam se tornando embaixadores do propósito, a fim de trazer mais talentos para dentro desse projeto de tamanho significado e relevância. Uma pesquisa realizada pela WorkHuman[142] mostrou que as pessoas têm duas vezes mais chances de recomendar um amigo para o departamento de recrutamento quando elas próprias acreditam no propósito do trabalho que executam.

Aliás, a retenção e a contratação de talentos são ótimos indicadores – apesar de não serem os únicos – para saber se a causa está conectada com as equipes e os objetivos do negócio. As pessoas querem trabalhar na empresa? Elas ficam quanto tempo na empresa? Uma vez que ficam, elas se engajam nos projetos criados, apontados para o propósito? A maioria das organizações descobre que esses números aumentam à medida em que os colaboradores se reconhecem no propósito da empresa.[143] Por outro lado, quando esses números são baixos, vale a pena prestar mais atenção à maneira que a liderança transmite a causa ou até mesmo como ela é

142 THE Future of Work is Human: 2019 International Employee Survey Report. *op. cit.*

143 WEINBERGER, M. Three ways to find purpose at work. **World Economic Forum**, 18 jan. 2016. Disponível em: https://www.weforum.org/agenda/2016/01/three-ways-to-find-purpose-at-work/. Acesso em: 15 jul. 2022.

trabalhada internamente. E lembre-se de que a atração e a retenção de talentos é um dos grandes desafios da liderança.

Vale ouvir os colaboradores e descobrir o que os incomoda e os afasta do objetivo principal da empresa. Isso é essencial para a sobrevivência do negócio. Afinal, colaboradores mais engajados trabalham mais satisfeitos e, portanto, entregam melhores resultados. Porque propósito e lucro andam juntos, sim. Larry Fink, CEO da BlackRock, empresa estadunidense de investimentos de risco, na carta que dirige a todos os anos aos seus stakeholders,[144] escreveu, ainda em 2019: "o propósito não é a única busca de lucros, mas a força animadora para alcançá-los. Os lucros não são de maneira alguma inconsistentes com o propósito. Na verdade, lucros e propósitos estão ligados".[145]

Essa ligação foi verificada em uma pesquisa realizada pela Harvard Business School, que constatou que empresas com altos níveis de propósito crescem mais rápido e com maior lucratividade. Porém, isso só acontece se a alta administração for bem-sucedida em difundir a causa da empresa em todos os níveis, como já falamos anteriormente, e também em mostrar com clareza as estratégias para atingir esse objetivo.[146]

E como uma empresa não é um órgão que vive exclusivamente olhando para dentro de si mesma – nesta altura do livro, espero que já tenha absorvido essa ideia –, a sua causa também não pode se limitar dessa maneira – e as organizações já sabem que precisam pensar além do balanço financeiro. Um dos pontos necessários é ter o propósito alinhado ao ESG. Dessa maneira, ter respostas para algumas perguntas é fundamental:

---

144 Entende-se por stakeholders não só acionistas, mas também colaboradores, consumidores, fornecedores e comunidade em geral.

145 LARRY Fink's 2019 Letter to CEOs: Purpose & Profit. **BlackRock**. Disponível em: https://www.blackrock.com/corporate/investor-relations/2019-larry-fink-ceo-letter. Acesso em: 16 jul. 2022.

146 GARTENBERG, C.; SERAFEIM, G. 181 Top Ceos Have Realized Companies Need a Purpose Beyond Profit. **Harvard Business Review**, 20 ago. 2019. Disponível em: https://hbr.org/2019/08/181-top-ceos-have-realized-companies-need-a-purpose-beyond-profit. Acesso em: 16 jul. 2022.

- QUAL É O SEU IMPACTO NO MUNDO?
- COMO A EMPRESA PODE CONTRIBUIR PARA UM MUNDO MELHOR?
- QUAL É O COMPROMISSO DA EMPRESA COM AS PESSOAS E COM O PLANETA?
- COMO A EMPRESA TORNA VIVO ESSE COMPROMISSO?

O que as organizações fazem hoje tem profundo impacto a longo prazo. Principalmente durante a pandemia de covid-19, ficou muito evidente quanto as empresas são corresponsáveis pelas questões sociais. Se pensarmos no isolamento imposto pela doença, a decisão de manter as equipes em casa, seguras, mostrou a preocupação pela saúde do próximo e o zelo para que todo o mundo, coletivamente, se empenhasse pelo fim da pandemia.

E a tendência é que cada vez mais as empresas sejam cobradas pelas causas ligadas ao mundo. A União Europeia, por exemplo, já instituiu o *Non-Financial Reporting Directive* [Diretiva de Relatórios Não-financeiros] em que empresas com mais de quinhentos trabalhadores divulgam informações sobre a maneira como operam e gerenciam suas decisões frente aos desafios sociais (tratamentos com os colaboradores, respeito aos direitos humanos e à diversidade, medidas anticorrupção) e ambientais. De acordo com a Comissão Europeia, esses dados ajudam investidores, organizações da sociedade civil, consumidores e formuladores de políticas, entre outros grupos, a avaliarem o desempenho não financeiro de grandes empresas e ainda incentivam outras organizações a desenvolver uma abordagem mais responsável dos negócios.[147]

Nos Estados Unidos, a Business Roundtable, associação que reúne os principais executivos do país, possui uma Declaração sobre o Propósito de uma Corporação, em que 181 CEOs se comprometem a investir em seus colaboradores e nas comunidades, pois sabem que esse é a melhor maneira de obter sucesso a longo prazo. A declaração termina da seguinte maneira: "cada um de

147 CORPORATE sustainability reporting. **European Commission.** Disponível em: https://ec.europa.eu/info/business-economy-euro/company-reporting-and-auditing/company-reporting/corporate-sustainability-reporting_en. Acesso em: 16 jul. 2022.

nossos stakeholders é essencial. Comprometemo-nos a entregar valor a todos eles, para o sucesso de nossas empresas, nossas comunidades e nosso país".[148]

Essas iniciativas mostram como é importante que uma empresa, ao definir a sua causa, pense em torná-la maior que os interesses internos. Afinal, deixar um mundo melhor só fará realmente sentido quando essa causa abraçar um número cada vez maior de pessoas. É sobre o futuro em sociedade de que estamos falando. E não há como chegar até lá, progredir nesse roteiro, se cada um não agir como protagonista, não cumprir o seu papel principal. Avalie isso e dê um significado maior na sua liderança, pensando em como ajudar a si próprio, as pessoas, a empresa e o mundo ao seu redor. Não existe um planeta B que possa ser colocado em ação quando a opção A não funcionar: esse é o caminho.

Agir conforme a causa traz mais felicidade para você mesmo, mas também influencia mais pessoas e ainda gera impacto no mundo, como a gota no oceano. Como liderança, você tem um papel importante nesse ecossistema.

148 BUSINESS Roundtable Redefines the Purpose of a Corporation to Promote 'an Economy That Serves All Americans'. **Business Roundtable**. Disponível em: https://www.businessroundtable.org/business-roundtable-redefines-the-purpose-of-a-corporation-to-promote-an-economy-that-serves-all-americans. Acesso em: 16 jul. 2022.

CAUSA:
um convite para colocar esta competência em prática

DEFINA SEU PROPÓSITO

Grande parte dos meus clientes de coaching são executivos muito bem-sucedidos profissionalmente, porém em busca de reconexão com seu propósito. E uma de minhas recomendações é um exercício de brainstorming, composto de três partes:

Você deve responder cada um dos blocos sem pensar demais. Se puder, deixe apenas as possibilidades fluírem. Não precisa editar nem mostrar suas anotações a mais ninguém, a menos que você queira.

PARTE 1: talentos e qualidades

Quais são os talentos ou as habilidades que eu tenho atualmente?

Quais talentos quero desenvolver?

Como os outros me complementam?

O que os outros sempre me pedem para fazer?

Em que eu sinto que sou particularmente bom?

Qualquer coisa conta aqui: digitar, cozinhar, limpar, dirigir,fazer jardinagem, saber direcionar pessoas, entender de contabilidade, construir sites, fazer as pessoas rirem, ajudar indivíduos de outras culturas a se sentirem confortáveis etc.

PARTE 2: alegria, *flow* e realização

O que me dá tanta alegria e prazer que não parece trabalho?

O que eu quero tanto realizar que parece fácil levantar da minha cadeira e fazer?

Quando eu estiver morrendo, com o que ficarei emocionado por ter feito em minha vida?

Aqui pode ser se expressar artisticamente, praticar uma atividade física (como dançar ou surfar), colocar seus filhos para dormir, trabalhar em grupo em um projeto, vender coisas para arrecadar fundos, ser voluntário em uma escola ou lar de idosos, fazer o jantar de domingo...

PARTE 3: necessidades do mundo

O que o mundo, minha comunidade, minha família ou meus amigos precisam que se sobrepõe aos meus talentos?

Mundo:____

Comunidade:____________________________________

Família:_______________________________________

Amigos:_______________________________________

Para mundo e comunidade, considere coisas como igualdade racial, de gênero e econômica; alívio da fome; melhor educação; preservação ambiental; organização comunitária para moradia; acesso a emprego e desenvolvimento; acesso a uma melhor nutrição, melhores métodos de cultivo e acesso a água potável; ciclovias mais seguras; abrigos para pessoas em situação de rua; livros que educam; negócios que geram empregos; melhores relacionamentos; programas para reduzir a violência; lugares seguros para as crianças brincarem.

Para família e amigos, considere ganhar dinheiro para garantir comida, abrigo, roupas e futuro; cuidar de idosos; cuidar de crianças; preparar refeições; supervisionar a educação dos jovens; ser um modelo moral.

INTEGRANDO TUDO

Reflita sobre suas respostas e crie uma frase inspiradora que possa ser seu propósito, utilizando o modelo abaixo:

Meu propósito é *(verbo – prover, providenciar, criar, proporcionar, ajudar, servir etc.)* para *(defina o grupo de pessoas que deseja impactar)* para que *(benefício maior que você quer causar a partir do seu propósito).*

Veja um exemplo:

Meu propósito é desenvolver líderes, futuros líderes, ou aqueles que ainda não se descobriram líderes para que possam realizar seu potencial e construir um mundo melhor para todos.

Agora é sua vez:
Meu propósito é ____ para ________________________________ para que ____________________ ____.

CRIE O PROPÓSITO DO SEU TIME COM O SEU TIME

Grande parte das vezes vejo times que não possuem clareza do seu propósito. Faça uma atividade com os integrantes na qual eles criarão o propósito alinhado à missão da empresa. Siga a sequência de perguntas a seguir, colete ideias e formule a frase final. Você pode lapidá-la ao longo do tempo.

- O QUE O TIME FAZ?
- PARA QUÊ?
- PARA QUEM?
- QUAL É O IMPACTO?

O propósito do time/área *(nome da área)* é *(verbo do que o time faz e o que fornece em termos de produtos e serviços)* para *(público/consumidor)* para que *(descrição do impacto que pretendem causar)*.

Lembre-se: vocês criam o propósito de vocês.

É papel das lideranças reconhecer a causa do negócio e como ela se conecta com as causas e motivações pessoais dos colaboradores.

@TONIACASARIN

CAPÍTULO 10

CURIOSIDADE E CRIATIVIDADE: PENSAR E FAZER DIFERENTE

“CURIOSIDADE É O MOTOR DA REALIZAÇÃO.”
— KEN ROBINSON

Quando era criança, eu tinha um livro que amava. Ele se chamava *A curiosidade premiada.*[149] Lembro-me muito bem de cada detalhe da história, das ilustrações e da sensação que eu tinha cada vez que abria aquele livro. Ele conta a história da Glorinha, uma menina que fazia muitas perguntas. Ela queria saber de tudo. Por que o vento venta? Por que a gente chora quando corta cebola? O que é o arco-íris? Por que a verruga tem cabelinho? A parte que mais me chamou a atenção foi quando a mãe de Glorinha descobriu que a criança poderia explodir de tantas perguntas se elas não fossem respondidas. A partir daí, tanto a mãe como o pai entendem que a curiosidade pode ser bem mais importante do que eles imaginam.

Glorinha é uma criança como tantas outras, com a curiosidade e a criatividade à flor da pele, por isso fazia tantas perguntas. As crianças são, por natureza, curiosas e criativas. *Mas o que isso tem a ver com a liderança do futuro?*, você pode estar se perguntando.

A curiosidade é uma capacidade crítica para o crescimento e para mudanças transformadoras. É evidente o valor que ela traz para o desenvolvimento pessoal, o aprendizado organizacional e a criação de conexões que geram criatividade, novas formas de pensar e de executar ideias. A curiosidade e a criatividade são ferramentas essenciais para endereçarmos problemas complexos e nos mantermos relevantes nesta era.

Portanto, gosto de pensar que a curiosidade – a disposição exploratória, a inclinação para fazer perguntas e buscar informações – e

149 ALMEIDA, F. L. **A curiosidade premiada**. São Paulo: Ática, 1997.

a criatividade – o uso da imaginação e de ideias originais – estão interligadas. Sem uma, a outra fica atrofiada. Se você pensa em se tornar uma liderança exponencial, precisa deixar que ambas as habilidades caminhem de mãos dadas. Siga comigo, pois vamos falar sobre essas competências e como elas são importantes na metáfora Eu-Nós-Mundo.

CURIOSIDADE

A curiosidade é a busca consciente de assuntos e experiências em domínios diversos, movida não apenas pela necessidade de aprender, mas também – e especialmente – pelo prazer que a própria descoberta traz.[150] Repare nas crianças: como a Glorinha, todas são curiosas. Desde bem cedo, elas usam essa habilidade para explorar o mundo e, aos poucos, preenchem sua bagagem de conhecimento. E fazem isso das mais diferentes maneiras. Pode ser por meio de perguntas, brincadeiras, jogos, desenhos etc. Enfim, o que importa a elas é conhecer algo novo. A curiosidade, essa característica nata do ser humano, é a melhor maneira de preparar o cérebro para o aprendizado e estimular o raciocínio, contribuindo para o desenvolvimento intelectual infantil.

Conforme o tempo passa, acabamos nos esquecendo dessa característica tão importante e a deixamos de lado. Começamos a aceitar o mundo do jeito que é, os processos do jeito que foram desenhados e não os questionamos. Mas, assim como acontece na infância, quando a curiosidade é um poderoso instrumento de aprendizado, na vida adulta ela continua a ser importante, principalmente quando os problemas se tornam mais complexos e o mundo, mais incerto – o VUCA de que tanto falamos.

Precisamos exercitar habilidades que até bem pouco tempo atrás nem eram consideradas pela liderança. É aí que a curiosidade, aquele

150 BRETAS, A.; CASARIN, T.; SANTILLE, A.; SCHLOCHAUER, C. *op. cit.*

impulso de encontrar novas informações e experiências, de fazer perguntas, investigar, explorar e buscar conhecimento, precisa entrar em ação. Com as transformações que vivemos, as empresas precisam engajar times para pensar mais profundamente sobre o negócio, buscando diferentes soluções para problemas existentes ou para aqueles que já sabemos que surgirão.

A curiosidade, inclusive, é o ponto de partida para a reinvenção de indústrias inteiras, como a hoteleira, por exemplo, que viu um novo jeito de se hospedar aparecer com o Airbnb. A plataforma de aluguel temporário surgiu em 2007 quando seus fundadores, Joe Gebbia e Brian Chesky, se questionaram sobre como iriam pagar o aluguel do mês do apartamento que compartilhavam em São Francisco, nos Estados Unidos.[151] Ao mesmo tempo acontecia na cidade uma grande conferência de negócios e os hotéis estavam todos lotados, mas ainda havia muitas pessoas buscando um lugar para ficar. Então, aguçados pela curiosidade, os dois passaram a fazer outras perguntas: "Por que não podemos encontrar um lugar para essas pessoas passarem uma ou duas noites?", "Por que esse lugar não poderia ser o nosso apartamento?". E as perguntas não pararam por aí, imediatamente vieram outras: "E se fornecermos mais do que apenas um colchão para dormir, como um modesto café da manhã e dicas de passeio?", "E se criarmos o nosso próprio site para divulgar esse lugar para dormir?".

Pois eles fizeram tudo isso e a experiência foi um sucesso. Curiosos pelo que ainda poderiam descobrir, passaram a fazer outras perguntas: "Por que não fazer disso um negócio?", "E se pudéssemos criar essa mesma experiência em todas as grandes cidades?". Novas perguntas foram surgindo à medida que o negócio evoluía. **A capacidade de fazer perguntas é uma das melhores tecnologias humanas.** As perguntas desbloqueiam o potencial para a curiosidade: um novo modelo de negócio, nunca pensado antes, criou uma das empresas mais valiosas atualmente.

151 WHY should you be stuck without a bed if I've got an extra air mattress? **A More Beautiful Question**. Disponível em: https://amorebeautifulquestion.com/airbnbs-10-billion-valuation-started-beautiful-question/. Acesso em: 15 jul. 2022.

A Netflix é outro negócio que surgiu a partir de questionamentos. Seu fundador, Reed Hastings, havia atrasado para entregar as fitas de vídeo que alugara na Blockbuster e, inconformado por ter de pagar uma multa considerada por ele exorbitante, se questionou: "por que eu deveria pagar essas taxas?". Depois dessa, vieram outras, como "E se uma empresa de aluguel de vídeo fosse administrada como uma academia de ginástica?". Cada resposta dada levava a uma pergunta subsequente: "E se uma empresa de aluguel de vídeo fosse administrada como uma academia de ginástica com uma assinatura mensal?", "Por que estamos alugando apenas filmes e programas?", "E se fizéssemos nossos próprios filmes e programas?".[152] O fim dessa história nem preciso contar, afinal, basta fazer uma rápida retrospectiva na própria vida para ver como os serviços de streaming mudaram nossa maneira de assistir a filmes e séries.

Se a curiosidade pode disruptar indústrias inteiras, imagine o poder que ela tem dentro das empresas. Cultivar a curiosidade em todos os níveis ajuda a liderança e os colaboradores a se adaptarem às diferentes situações internas e externas, pensando mais profunda e racionalmente sobre as decisões para apresentar soluções mais criativas.[153] Considerando o uso das tecnologias e o processo de transformação digital que as empresas estão passando, a curiosidade ganha ainda mais relevância, sendo a segunda habilidade mais desejada pelas empresas, perdendo apenas para a adaptabilidade.[154]

Porém, ainda vivemos uma contradição. Por mais que as pesquisas mostrem o quanto a curiosidade é benéfica em ambientes corporativos, as empresas ainda não privilegiam que ela seja usada de maneira

152 WHAT if a video rental business were run like a health club? **A More Beautiful Question**. Disponível em: https://amorebeautifulquestion.com/what-if-a-video-rental-business-were-run-like-a-health-club/. Acesso em: 15 jul. 2022.

153 GEIGER, C. Curiosity: Why It Matters, Why We Lose It And How To Get It Back. **Harvard Business Review**, 1º jun. 2021. Disponível em: https://www.forbes.com/sites/forbescoachescouncil/2021/06/01/curiosity-why-it-matters-why-we-lose-it-and-how-to-get-it-back/?sh=7000d54f2fa4. Acesso em: 20 jul. 2022.

154 HILL, L.; CAM, A.; MENON, S.; TEDARDS, E. Curiosity, Not Coding: 6 Skill Leaders Need in the Digital Age. **Harvard Business School**, 14 fev. 2022. Disponível em: https://hbswk.hbs.edu/item/six-unexpected-traits-leaders-need-in-the-digital-era. Acesso em: 20 jul. 2022.

rotineira. Uma pesquisa realizada pela professora Francesca Gino, da Universidade Harvard, mostrou que só 24% dos colaboradores reportam o uso da curiosidade no trabalho e 70% disseram que enfrentam barreiras para questionar e fazer mais perguntas no ambiente laboral.[155] E por que isso acontece? Por que ainda há lideranças que agem com o mindset de que um time questionador é muito difícil de gerir, pois cada membro estaria interessado em explorar os próprios interesses e os conflitos seriam iminentes? Normalmente, lideranças que se comportam assim justificam essa resistência com a visão de que nem sempre questionamentos ou novas ideias levam a decisões relevantes, o que significaria perda de tempo e, consequentemente, perda de eficiência. No entanto, para mim, o fator principal é que são padrões que reforçam a falta de segurança psicológica característica de culturas que não valorizam as perguntas e, portanto, não valorizam a curiosidade.

Brené Brown diz que ser curioso também envolve ser vulnerável (de novo, a vulnerabilidade) porque exige que nos coloquemos em situação de incerteza. E talvez aí esteja a resposta do porquê as lideranças ainda agem com um pouco de desconfiança em relação a essa característica. A autora diz que, com o passar do tempo, aprendemos que a curiosidade, assim como a vulnerabilidade, pode levar à dor. Consequentemente, acionamos um estímulo de autoproteção[156] e, nesse contexto, optar pela segurança daquilo que já conhecemos e sempre aplicamos costuma ser a escolha mais certeira.

Esse mindset de que o time que questiona dá mais trabalho está ultrapassado. É preciso pensar em uma nova maneira de encarar as potencialidades de todos os membros de uma equipe, e nesse jogo a curiosidade é uma das competências fundamentais. A liderança precisa deixar de enxergar o questionamento, a exposição de ideias e as novas soluções que podem ser apresentadas por cada colaborador

155 GINO, F. The Business Case for Curiosity. **Harvard Business Review**, set.-out. 2018. Disponível em: https://hbr.org/2018/09/the-business-case-for-curiosity. Acesso em: 15 jul. 2022.

156 BROWN, B. **Mais forte do que nunca**. Rio de Janeiro: Sextante, 2016.

como ameaças, e passar a enxergá-los como oportunidades de incentivar a curiosidade e inovar. Quando a liderança fomenta a curiosidade no time, cria-se um ambiente seguro de aprendizado coletivo e contínuo. No fim, o processo é vantajoso para todos os envolvidos – colaboradores, líderes e empresa.

Quem sabe usar muito bem essa competência a favor da inovação é a Novartis. A indústria farmacêutica acredita que a curiosidade estimula a descoberta, resolve problemas e impulsiona a inovação. E a maneira de instigar seus colaboradores a serem mais curiosos é por meio da aprendizagem. Para isso, criou o Novartis Learning Institute, que oferece uma série de oportunidades de cursos para todos os colaboradores e os incentiva a dedicar 5% do seu tempo – o que corresponde a, aproximadamente, cem horas por ano – a essas atividades.[157] Eles podem escolher o que querem aprender, se é algo relacionado à função atual ou de outra área da empresa, ou até mesmo algo de interesse pessoal e que não tenha uma ligação com o cargo da empresa.[158]

A Novartis ainda realiza, todos os anos, o mês da curiosidade. Neste período, os colaboradores são convidados a participar de discussões livres, com o objetivo de despertar a curiosidade e reabastecer as fontes de conhecimento. Em um post publicado no Instagram em setembro de 2019, Vas Narasimhan celebrou o evento e disse que a empresa vê "a curiosidade como essencial para o esforço de reimaginar a medicina. [...] A chance de desenvolver e dominar habilidades é um grande motivador para as pessoas, não importa onde trabalhem e, como uma empresa baseada na ciência, estou confiante de que nosso compromisso com o aprendizado alimentará nosso mecanismo de inovação".[159]

157 WE are instilling curiosity. **Novartis**. Disponível em: https://www.novartis.com/about/strategy/people-and-culture/we-are-instilling-curiosity. Acesso em: 20 jul. 2022.

158 GREEN, D. How Novartis Promotes Learning Curiosity to Drive Business Value. **MyRHFuture**, 6 out. 2020. Disponível em: https://www.myhrfuture.com/digital-hr-leaders-podcast/2020/10/6/how-novartis-promotes-learning-curiosity-to-drive-business-value. Acesso em: 21 jul. 2022.

159 VAS Narasimhan em post publicado no Instagram em 30 de setembro de 2019. Disponível em: https://www.instagram.com/p/B3Co2VAgUNg/?igshid=YmMyMTA2M2Y=. Acesso em: 20 jul. 2022.

Ao incentivar seus colaboradores a aprender mais, a Novartis permite que eles fujam de padrões preestabelecidos que prejudicam a busca por novas resoluções de problemas. Ao saírem dessa "bolha", as pessoas se esforçam para aprender cada vez mais, beneficiando a si mesmos, a empresa e toda uma comunidade que depende dos serviços oferecidos por ela. É a gota d'água caindo no oceano e causando o efeito Eu-Nós-Mundo mais uma vez.

CRIATIVIDADE

Enquanto a curiosidade é a habilidade de aprender, de fazer perguntas para explorar o desconhecido e buscar soluções inovadoras, a criatividade serve para concretizar essas soluções, ou seja, ela ajuda a tornar tangível aquele conhecimento que foi descoberto pela curiosidade. A criatividade auxilia a criação de soluções mesmo em momentos estruturalmente complexos ou em constante mudança, como o que vivemos. É o fazer diferente.

As pessoas criativas são curiosas por natureza. Elas fazem perguntas a todo momento, experimentam, anotam os resultados, pensam sobre o que descobriram e sobre como melhorar os processos. Também não se contentam em limitar a criatividade para si e gostam de se corresponder com outras pessoas, a fim de trocar pensamentos e argumentos. Elas querem saber o que funciona e por quê.

E isso é muito importante, porque é essa busca que faz com que as empresas criem novos produtos e processos ou tenham soluções para problemas que existiam por anos e nunca foram solucionados. É o que chamo de enxergar o invisível. É a criatividade na sua essência. **Quando algo novo é criado, tenha a certeza de que alguém enxergou o invisível e o tornou realidade.**

No ambiente corporativo, a liderança criativa oferece aos colaboradores a oportunidade de eles próprios criarem soluções para os desafios, em vez de simplesmente serem instruídos sobre o que fazer. Ela os deixa livres para criar, para inventar. Há colaboradores que têm prazer em oferecer ideias, e a liderança deve identificar esses perfis que podem tornar o negócio mais eficiente. Além disso, líderes criativos aceitam riscos controlados, pois sabem que, para as mudanças acontecerem, é preciso, algumas vezes, apostar no desconhecido. Junto do time, eles aprendem a acertar e a errar.

E as empresas já estão atentas a essa habilidade, tanto que, segundo o *The Future of Jobs Report* [Relatório sobre o futuro do trabalho], do Fórum Econômico Mundial, entre as quinze *soft skills* mais desejadas pelas empresas até 2025, a criatividade ocupa a quinta posição.[160] Apostar em lideranças criativas é mais do que estimular a busca por soluções, é também olhar o futuro e se preparar para as transformações que ainda virão e que exigirão muito da curiosidade e da criatividade.

Assim, expandir essa criatividade é algo que deve ser trabalhado constantemente pela liderança. Quanto mais diverso for o grupo, quanto mais pessoas pensando diferente, mais perspectivas serão colocadas em questão, o que aumenta a criatividade de todos os envolvidos. O designer brasileiro Fred Gelli, responsável por desenhar o símbolo das Olimpíadas no Brasil, em 2016, e eleito uma das cem pessoas mais criativas do mundo,[161] acredita que quanto mais estranhas forem as conexões que uma pessoa estabelece, mais criativa ela será. Para ele, "as conexões são feitas a partir da observação. E o que permite estabelecer as conexões estranhas, mais ricas, mais inusitadas é o seu repertório, a sua maneira de enxergar o mundo e o que você acumula ao longo da vida".[162]

Há muitas pesquisas realizadas nos últimos anos que vêm mostrando a importância de ter equipes múltiplas. Quando reunimos pessoas diferentes em um mesmo time, desafiamos o cérebro a superar

160 THE Future of Jobs Report 2020. **World Economic Forum**, p. 36. Disponível em: https://www3.weforum.org/docs/WEF_Future_of_Jobs_2020.pdf. Acesso em: 26 jul. 2022.

161 THE most creative people in business 2014. **Fast Company**. Disponível em: https://www.fastcompany.com/most-creative-people/2014. Acesso em: 26 jul. 2022.

162 FRED Gelli, uma das 100 pessoas mais criativas do mundo. **REC Brasil**, 30 jun. 2014. Disponível em: http://recbrasil.com.br/2014/06/fred-gelli-uma-das-100-pessoas-mais-criativas-do-mundo/. Acesso em: 26 jul. 2022.

ideias e conceitos antigos para começar a pensar no novo. É como se a criatividade estivesse hibernando e você precisasse de algo para fazê-la despertar. Em uma dessas pesquisas, publicada na revista PNAS,[163] cientistas colocaram pessoas com conhecimento do mercado financeiro para precificar ações. Os participantes foram separados em duas equipes: uma etnicamente diversa e a outra homogênea. Descobriu-se que os indivíduos que faziam parte da primeira equipe, a mais diversificada, tinham 58% mais chances de precificar as ações corretamente, enquanto aqueles que ficaram no grupo homogêneo eram mais propensos ao erro. A pesquisa constatou que os atritos provocados pela diversidade melhoravam a resolução das questões.

Em outro estudo, publicado na *Economic Geography*,[164] pesquisadores conseguiram ligar a diversidade à inovação. Para isso, analisaram dados de 7.600 empresas londrinas e descobriram que negócios administrados por equipes de liderança culturalmente diversas são mais propensas a desenvolver produtos inovadores do que aquelas com liderança homogênea, mesmo que sejam consideradas de ponta. Os pesquisadores chamam essa vantagem de *bônus da diversidade*. Para eles, o resultado apresentado mostra que a diversidade é um ativo econômico e um benefício social.

A pesquisadora americana Teresa Amabile dedica-se há anos ao estudo desse tema dentro das organizações e também aponta a criação de times diversos como uma das melhores formas de potencializar a criatividade. Em seus estudos, ela descobriu três componentes que são capazes de estimular essa habilidade: o **saber** (expertise), o **pensamento criativo** e a **motivação intrínseca**. Com base nisso, ela destaca outras práticas que ajudam a elevar a criatividade dentro das empresas:[165]

163 LEVINE, S.; APFELBAUM, E.; BERNARD, M.; BARTELT, V.; ZAJAC, E.; STARK, D. Ethnic diversity deflates price bubbles. **PNAS**, 17 nov. 2014. Disponível em: https://www.pnas.org/doi/abs/10.1073/pnas.1407301111. Acesso em: 26 jul. 2022.

164 NATHAN, M.; LEE, N. Cultural Diversity, Innovation and Entrepreneurship: Firm-Level Evidence from London. **Economic Geography**, 22 out. 2015. Disponível em: https://www.tandfonline.com/doi/abs/10.1111/ecge.12016. Acesso em: 26 jul. 2022.

165 BRETAS, A.; CASARIN, T.; SANTILLE, A.; SCHLOCHAUER, C. *op. cit.*

1. **Designar as pessoas certas para as atribuições certas:** estimular a alocação de colaboradores em projetos e atividades que desafiem seus saberes, impulsionem suas habilidades de pensamento criativo e, particularmente, acendam sua motivação intrínseca. Para fazer a combinação perfeita, é preciso que informações de qualidade, tanto da pessoa quanto da atribuição, estejam disponíveis.
2. **Ampliar a autonomia:** assim como vimos que dar mais autonomia para o colaborador aumenta sua curiosidade, de acordo com a pesquisa de Amabile, para ampliar a criatividade deve-se dar liberdade para que as pessoas decidam como realizar suas tarefas. No entanto, é preciso cuidar para que o objetivo fixado não apague a motivação intrínseca das pessoas. Se alguém não concorda com a meta, dificilmente estará engajado no processo.
3. **Alocar recursos com cuidado:** tempo e dinheiro precisam ser utilizados com sabedoria. O processo criativo leva tempo, ainda que certo senso de urgência possa aumentar a sensação de desafio e, por consequência, a motivação intrínseca. Recursos financeiros escassos drenam a energia das pessoas e fazem com que elas passem a usar sua criatividade para encontrar mais recursos, e não para lançar ideias e produtos inovadores.
4. **Encorajar e valorizar o trabalho das pessoas:** os colaboradores precisam ter segurança de que o que fazem importa para a empresa e até mesmo para a sociedade. É papel da liderança enfatizar isso, de maneira a reconhecer os esforços criativos individuais e coletivos, mesmo quando eles não são bem-sucedidos.
5. **Cultivar uma cultura organizacional que enalteça a criatividade:** criar práticas voltadas para o reconhecimento dos esforços criativos. Mecanismos de compartilhamento de conhecimento, como as reuniões *show-and-tell,* ou seja, encontros em que todos podem compartilhar o que pesquisaram e refletiram, fomentam a criatividade, dado que ampliam as chances de que ideias distintas se complementem. Premiações e outras

políticas de reconhecimento baseadas em competição, embora comuns, não costumam dar certo, pois as pessoas se sentem manipuladas. Ao fazer isso, é como se a organização não confiasse na capacidade criativa intrínseca das equipes.

A CURIOSIDADE, A CRIATIVIDADE E O EU, O NÓS E O MUNDO

Precisamos rever o paradigma de que a liderança tem todas as respostas. Como líderes aprenderam a ser o centro das soluções de problemas, precisam reaprender a fazer perguntas e estar preparados para ouvir o retorno, sem ter medo de ser vulneráveis e dizer "não sei". Porém, muitas vezes, o ego, a arrogância, o medo de ser julgado ou de perder são algumas das razões pelas quais líderes preferem não alavancar esse lado curioso.[166] A solução? Comece a fazer perguntas para si mesmo. Isso mesmo. Quando a liderança se encontra no seu eu, fica mais fácil alinhar os desejos, os medos e a vontade de explorar sem receio de errar ou de se mostrar frágil, em busca de abrir novas perspectivas, criar espaço seguro para que a equipe também possa perguntar e propor ideias e soluções inovadoras. No mundo disruptivo que vivemos, se a liderança não é curiosa, ela fica para trás, não evolui.

Algo parecido acontece com a criatividade. Por mais que tenhamos mecanismos para destravá-la, ela nasce dentro de cada um de nós. Portanto, o primeiro passo para lidar com esse potencial criativo é um mergulho em si, usando a curiosidade para se transformar no que quiser. E nesse mergulho individual você descobrirá que as conexões, como Fred Gelli mencionou, são um dos melhores caminhos para encontrar o seu potencial criativo.

166 MALIK, S. Curiosity: A Leadership Trait That Can Transform Your Business To Achieve Extraordinary Results. **Forbes**, 26 ago. 2020. Disponível em: https://www.forbes.com/sites/forbescoachescouncil/2020/08/26/curiosity-a-leadership-trait-that-can-transform-your-business-to-achieve-extraordinary-results/?sh=abc63f16a2b0. Acesso em: 20 jul. 2022.

O olhar curioso para o outro e para o mundo ao seu redor coloca a pessoa em um estado de atenção, no qual ela também começa a se questionar mais e exigir soluções que fujam do tradicional para seus problemas pessoais. Acredite: há pessoas que se surpreendem quando se veem tendo atitudes criativas.

Líderes precisam se colocar no papel de que sempre têm algo a mais para aprender. É dessa maneira que eles aguçam a própria curiosidade e criatividade e incentivam outras pessoas a fazerem o mesmo. Membros de uma empresa precisam ser estimulados a fazer perguntas e a investigar novas soluções. Do contrário, a tendência é que cada um se acomode em respostas preexistentes, deixando a curiosidade e, consequentemente, a criatividade inativas, desestimulando a inovação.

O estudo conduzido pela pesquisadora de Harvard Francesca Gino[167] mostrou que quanto mais tempo uma pessoa fica em um emprego, menos esforços ela dispõe para acionar essa habilidade. Para chegar a essa conclusão, ela entrevistou cerca de 250 pessoas recém-contratadas em diversas empresas, fazendo perguntas para medir a curiosidade. Seis meses depois, ela repetiu a entrevista e constatou que, embora o nível inicial de curiosidade variasse – uns se mostravam mais curiosos, e outros, menos – houve declínio médio de 20% entre todas as pessoas. O que ela concluiu é que a pressão para entregar trabalhos com prazos curtos acaba tirando das pessoas a possibilidade de pensar em novas perguntas e soluções.

Vivemos na era digital, na qual as empresas encontram um ambiente competitivo mais dinâmico do que no passado. Não dá mais para achar que seus concorrentes são apenas aqueles habituais: a concorrência está em todos os lugares. Somado a isso, existe uma alta expectativa de clientes que exigem cada vez mais serviços de alta qualidade. Portanto, o melhor caminho para crescer continua sendo a evolução e o aprendizado rápido e eterno. A velocidade das transformações e o aumento da complexidade, impulsionados pela

167 GINO, F. *op. cit.*

tecnologia, exigem que líderes catalisem as mudanças em vez de planejá-las, como diz a professora Linda Hill, da Harvard Business School. Isso significa criar as condições iniciais para que a organização atinja suas ambições e oriente a empresa por um processo de aprendizado contínuo, abrindo a mente para uma abordagem mais experimental.[168] Quem confia apenas no pensamento estratégico tradicional está menos alinhado com os fatores emergentes com os quais irá conviver nos próximos anos. A liderança precisa criar futuros, e a curiosidade e a criatividade vão mover as empresas para os futuros desejados.

Assim, estimular o aprendizado é um dos fatores que levam a despertar a curiosidade, mas não é o único. De que vale uma empresa gastar milhões em cursos, workshops e imersões se a liderança, se os gestores diretos de cada equipe, não absorverem tudo isso no dia a dia? Por isso, o aprendizado é só um fator nessa discussão. Para que a curiosidade seja, realmente, estimulada e explorada, outros pontos precisam ser levados em consideração. Nas pesquisas conduzidas pelos especialistas Todd Kashdan, Paul Rose e Frank Fincham,[169] eles identificaram um modelo de curiosidade com três fatores que se correlacionam e que são diretrizes para as empresas estimularem colaboradores mais curiosos:

- Autonomia: deixar que as pessoas tomem decisões as ajuda a aguçar a curiosidade. Ameaças, punições e vigilância produzem o efeito contrário.
- Competência: mostrar que acredita na capacidade e eficácia dos seus colaboradores, incentivando-os e elogiando-os.
- Relacionamento: sentir-se conectado com as outras pessoas e saber que suas emoções são reconhecidas ajuda a aumentar a segurança dos colaboradores. Sentir-se seguro tem um impacto positivo na curiosidade.

---

168 HILL, L.; CAM, A.; MENON, S.; TEDARDS, E. *op. cit.*

169 BOYD, S. Work Skills for the Future: Curiosity. **Work Futures**, 11 maio 2015. Disponível em: https://medium.com/work-futures/work-skills-for-the-future-curiosity-2264be4ee530. Acesso em: 20 jul. 2022.

São esses fatores, mais o aprendizado, que leva o colaborador curioso a realizar o que chamamos de busca exploratória. Isso significa que para encontrar as melhores soluções, ele não usa apenas o interesse pela questão em si, mas também explora o contexto, a história, outras soluções que foram tentadas (e por que e como elas funcionaram e não funcionaram), as partes interessadas etc. Ou seja, ele procura a raiz do problema para encontrar a melhor maneira de solucioná-lo.

O perfil curioso será cada vez mais procurado por empresas. Esses indivíduos são capazes de enxergar conexões criativas em domínios diversos. E, por consequência, são os profissionais cujos papel e contribuição para o negócio são os mais difíceis de serem substituídos por máquinas.[170]

A curiosidade e a criatividade não precisam se limitar ao ambiente corporativo. O efeito gota, que começa com a liderança se questionando sobre a própria curiosidade, alimenta a criatividade e passa para o meio corporativo, colocando essa característica como gatilho para a inovação e podendo se espalhar ainda mais e colaborar com o mundo fora da empresa.

As grandes descobertas do mundo, desde a invenção da roda até a internet e tantas outras, têm a curiosidade como ponto de partida e a criatividade como solucionadora das questões. Sem essas competências, a necessidade dessas ferramentas até iria existir, mas ficaria paralisada.

Portanto, todos nós precisamos ser curiosos e criativos para estudar e entender as transformações e as necessidades da sociedade. A partir daí, usamos nossa capacidade de exploração para buscar uma solução criativa que beneficie a maior parte das pessoas. Se não procurarmos informações e conhecimento e não questionarmos, estaremos fechados em um mundo paralelo, fugindo das nossas obrigações de construir algo melhor para todos.

170 BRETAS, A.; CASARIN, T.; SANTILLE, A.; SCHLOCHAUER, C. *op. cit.*

Em um artigo publicado na *Harvard Business Review*,[171] o empresário e escritor Dan Pallotta disse que a melhor criatividade vem do desejo de contribuir com os outros, seja introduzindo algo novo que melhore a qualidade de vida ou mostrando às pessoas que algo considerado impossível é, de fato, possível. E ele vai além: quando você "muda a percepção das pessoas sobre o que pode ser realizado ou alcançado, contribui também para a humanidade da maneira mais rica possível. Você lhes dá esperança para o futuro". Dessa maneira, a liderança que une essas duas competências expande a própria capacidade e entende que tal missão não precisa se restringir à empresa. São líderes que buscam navegar – e até se beneficiar – da imprevisibilidade ao seu redor, contribuindo não apenas com a organização em que trabalham ou com eles mesmos, mas também com a sociedade.[172]

É a curiosidade que leva a descobrir novos caminhos, e a criatividade que ajuda a pensar em soluções para esse mundo. E é essa combinação que melhora o que já existe e mira o futuro como um tempo melhor do que estamos.

171 PALLOTTA, D. What's the Point of Creativity? **Harvard Business Review**, 9 set. 2013. Disponível em: https://hbr.org/2013/09/does-your-innovation-come-from. Acesso em: 26 jul. 2022.

172 VERNOOIJ, M.; WOLFE, R. The need for creative leadership. What is it and why is it important? **THNK**. Disponível em: https://www.thnk.org/insights/the-need-for-creative-leadership. Acesso em: 26 jul. 2022.

CURIOSIDADE E CRIATIVIDADE:
um convite para colocar estas competências em prática

A combinação entre a curiosidade e a criatividade é ação essencial para tornar realidade nossa visão para os negócios e para o futuro que queremos construir. E como toda habilidade, estas duas também são treináveis.

Nesta seção, quero apresentar a você os conceitos de **pensamento convergente** e **pensamento divergente** como metodologia de apoio para resolver problemas e melhorar a tomada de decisão. Esses conceitos foram cunhados em 1956 pelo psicólogo J. P. Guilford, e podem ser resumidos como:[173]

- PENSAMENTO CONVERGENTE: DE CARACTERÍSTICAS LÓGICA, ANALÍTICA E LINEAR;
- PENSAMENTO DIVERGENTE: DE CARACTERÍSTICAS FLEXÍVEL, INTERATIVA E ABERTA.

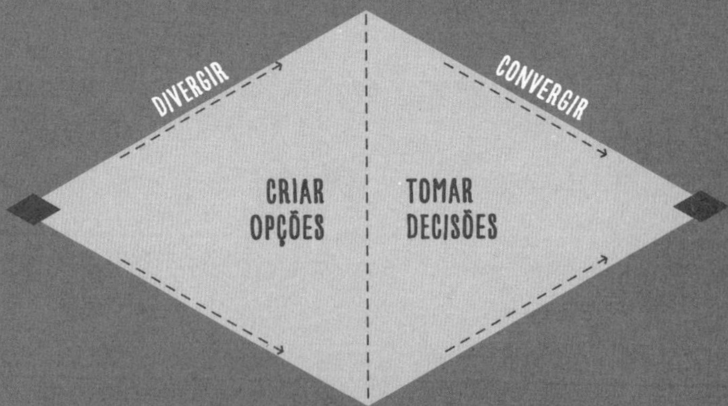

Fonte: Adaptado de TELES, L. Os pensamentos divergente e convergente na criatividade. Criar RH. Disponível em: https://criarh.com.br/pensamentos-divergente-convergente/. Acesso em: 30 ago. 2022.

Seja para tomar uma decisão pessoal ou para trazer todo o seu time para que, juntos, definam o que precisa ser feito, é possível

173 CONVERGENT vs. divergent thinking: Finding the right balance for creative problem solving. **Asana**, 20 dez. 2021. Disponível em: https://asana.com/pt/resources/convergent-vs-divergent. Acesso em: 30 ago. 2022.

combinar esses dois jeitos de analisar e lidar com os desafios que se apresentam.

1. Defina o problema que precisa ser resolvido;
2. Use o pensamento divergente para que, de maneira livre e sem julgamentos, possam pensar em todas as causas que geram esse problema, as questões que precisam ser endereçadas. Faça uma lista;
3. Use o pensamento convergente para definir a causa ou questão primária a ser resolvida;
4. Use o pensamento divergente para todas as soluções que poderiam ser efetivas para o problema;
5. Use o pensamento convergente para determinar a melhor solução para a questão escolhida.

Líderes precisam se colocar no papel de que sempre têm algo a mais para aprender. É dessa maneira que eles aguçam a própria curiosidade e criatividade e incentivam outras pessoas a fazerem o mesmo.

@TONIACASARIN

CAPÍTULO 11

CORAGEM: UM CAMINHO PARA VIVER SUA AUTENTICIDADE, CONFIAR EM SI MESMO E DESBLOQUEAR AS PRÓPRIAS DEFESAS

"CORAGEM NÃO É A AUSÊNCIA DO MEDO. É O MEDO EM MOVIMENTO."
— SUSAN DAVID

Quem entra em meu escritório se depara com os seguintes dizeres:

"Não é o crítico que importa; nem aquele que aponta onde foi que o homem tropeçou ou como o autor das façanhas poderia ter feito melhor. O crédito pertence ao homem que está por inteiro na arena da vida, cujo rosto está manchado de poeira, de suor e de sangue; que luta bravamente; que erra, que decepciona, porque não há esforço sem erros e decepções; mas que, na verdade, se empenha em seus feitos; que conhece o entusiasmo, as grandes paixões; que se entrega a uma causa digna; que, na melhor das hipóteses, conhece no final o triunfo da grande conquista e que, na pior delas, ao menos fracassa ousando grandemente, de modo que seu lugar nunca seja ao lado de almas frias que não conhecem a vitória nem a derrota."

Esse é um trecho do famoso discurso "The Man in The Arena", como é conhecido popularmente, proferido pelo ex-presidente estadunidense Theodore Roosevelt, em 1910. Na ocasião, ele falava para as pessoas na Universidade Sorbonne, na França. É uma das minhas citações preferidas e, para mim, ela é perfeita para falar de coragem, a décima competência da liderança exponencial. Sempre recorro a ela quando preciso encarar uma nova situação que me deixa insegura e, ao mesmo tempo, cheia de coragem. Sei que parece estranho falar de medo, insegurança e coragem junto, mas **não existe coragem sem medo.**

Escrever este livro, por exemplo, exigiu que eu tivesse muita coragem. Coragem para levantar um movimento que mostra uma nova maneira de liderar. Coragem para mostrar que a liderança não tem todas as respostas e que está tudo bem ser assim. Coragem para ir contra um sistema que se baseia apenas na divisão de lucros. Claro que trabalhamos em busca de retorno financeiro e que todas as empresas também têm esse objetivo, mas, para alcançá-lo, não precisamos mais de colaboradores trabalhando doze, treze, catorze horas por dia, no limite da exaustão, com mil cobranças, com o lado psicológico abalado e o estresse em um nível tão alto que leva à depressão e até ao burnout.

Vivemos em um mundo complexo em que resolver uma questão não depende apenas de uma variável – mas de um conjunto de variáveis impossíveis de controlar. Assumir que não temos todas as respostas deveria ser natural. Estamos lidando com situações novas, que nenhuma – ou quase nenhuma – experiência anterior ajuda na tomada de decisão de hoje. É preciso dar passos em direção ao desconhecido sem paralisar. E é a coragem que ajuda a encarar essa situação. Assumir a coragem de enfrentar essas novas transformações sem ter certeza das respostas motiva a liderança exponencial a assumir o próprio poder de transformação individual, fazendo algo de positivo com ele.[174] É a metáfora Eu-Nós-Mundo de que eu tanto falo por aqui.

O autor e consultor estadunidense Bill Treasurer pesquisa a temática da coragem há muitos anos. Em seu livro *Courage Goes to Work*, ele descreve os três pilares da coragem: **tentar**, **confiar** e **falar**.[175] A **coragem de tentar** vem para nos movimentar em direção a coisas novas, para aproveitar oportunidades, abrir caminhos ou conquistar objetivos importantes. No trabalho, frequentemente nos deparamos com projetos e tarefas desafiadores que requerem habilidades ainda não desenvolvidas. Estar disposto a aprendê-las e encarar obstáculos

174 BRETAS, A.; CASARIN, T.; SANTILLE, A.; SCHLOCHAUER, C. *op. cit.*

175 TREASURER, B. **Courage Goes to Work:** How to Build Backbones, Boost Performance, and Get Results. Berrett-Koehler Publishers, 2008.

é algo que demanda coragem. Já a **coragem de confiar** vem do vínculo que estabelecemos com as pessoas, como vimos anteriormente. A coragem, aqui, aponta tanto para o sentido de confiar quanto de demonstrar confiabilidade. Ser corajoso para confiar tem uma relação direta com o terceiro tipo de coragem, a **de falar**. É mais fácil compartilhar a nossa verdade quando nos sentimos seguros de que o outro a receberá com uma escuta aberta, suspendendo qualquer julgamento.

TER CORAGEM É SENTIR MEDO

Ao falar de julgamento, somos levados diretamente à vulnerabilidade. E a coragem pressupõe vulnerabilidade, aquela sensação instável que temos quando saímos da nossa zona de conforto ou fazemos algo que nos força a perder o controle. Brené Brown empreendeu uma grande pesquisa que deu origem ao livro *A coragem para liderar*. Nele, ela refaz o significado de coragem, colocando-a ao lado da vulnerabilidade, algo que ainda não havia sido feito. Para ela, "se formos corajosos o suficiente, com frequência suficiente, vamos cair. Ousar não é dizer 'estou disposto a correr o risco de fracassar'. Ousar é dizer 'sei que vou acabar fracassando em algum momento e ainda assim mergulho de cabeça'. Nunca conheci alguém corajoso que não tivesse experimentado a decepção, o fracasso e até mesmo a tristeza".[176]

Portanto, é natural que a gente tenha medo, e eu sou prova disso. Costumo dizer que sou PhD em medo. Eu sempre fui muito boa aluna e por isso estudei durante muitos anos com bolsa de estudo, mas isso me pressionava todos os dias. Sabia que tinha que performar muito bem para não perder essa gratificação. Esse risco me colocava em uma situação vulnerável. Entretanto, eu tinha a coragem para seguir em frente, dando pequenos passos, mantendo a consistência apesar da insegurança. Assim foi até o mestrado que fiz na Universidade Columbia, e até hoje ainda sinto aquele mesmo medo.

176 BROWN, B. *op. cit*, p. 35.

A coragem de tentar
vem para
nos movimentar
em direção a
coisas novas,
para aproveitar
oportunidades,
abrir caminhos ou
conquistar objetivos
importantes.

@TONIACASARIN

No entanto, a coragem é um contraponto ao medo. O capitão Sully foi responsável por evitar uma tragédia ao pousar um avião no rio Hudson, em Nova York, em 2009, história retratada no filme *Sully, o herói do Rio Hudson*. Um feito possível apesar do medo que ele deve ter sentido – e foi o medo que o levou a ter coragem para realizar tal ação. Nós não acionamos a coragem sem motivo. Ela geralmente aparece, ou nos damos conta dela e da potência que ela tem, quando sentimos uma ameaça.[177]

O que vejo, na realidade, é que a vulnerabilidade ainda é vista como fraqueza. Esse é um dos mitos que Brené Brown desconstrói em seu livro. A autora é muito direta quando diz: ou você lida com a vulnerabilidade ou ela lida com você. Portanto, encará-la mostra ser o melhor caminho, pois permite aprender a dominá-la e guiá-la dentro dos seus valores e da sua integridade. Quando você não faz isso, a vulnerabilidade o leva para um lugar que o coloca na defensiva e que pode resultar em um ataque de raiva ou na tendência ao isolamento[178] – justamente o que não esperamos da liderança.

Quando nos colocamos na situação de vulnerabilidade, assumimos que não precisamos saber tudo e ter todas as respostas para sermos respeitados pela equipe. O respeito agora é consequência da admiração, da confiança, da colaboração e de todas as outras competências que apresentei nestas páginas. Além disso, a vulnerabilidade permite que os colaboradores nos vejam como seres humanos, nos aproximando deles. Todos nós enfrentamos desafios, cometemos erros, pedimos desculpas, corrigimos a rota e seguimos em frente. Para Jim Detert, autor do livro *Choosing Courage* (Harvard Business Review Press, 2021), a liderança de que precisamos hoje demonstra coragem, em vez de exigi-la. Eles escolhem ser vulneráveis,[179] e, assim, ser corajoso é uma mudança de mindset que se traduz no comportamento da liderança.

177 DETERT, J. R. What Courage Leaders Do Differently? **Harvard Business Review**, 7 jan. 2022. Disponível em: https://hbr.org/2022/01/what-courageous-leaders-do-differently. Acesso em: 28 jul. 2022.

178 BROWN, B. *op. cit.*, p. 40.

179 DETERT, J. *op. cit.*

Trabalhar a coragem é um caminho para viver sua autenticidade, confiar em si mesmo e desbloquear as próprias defesas. É necessário entender por que precisamos parecer fortes e não podemos errar. Ter coragem de entender nossos sentimentos e avaliar nossos comportamentos. Ninguém precisa ficar na defensiva o tempo todo. O equilíbrio é uma condição para que a coragem se manifeste, uma vez que, quando nos deixamos dominar pelo estresse e pelas emoções negativas, muitas delas derivadas do medo, tudo o que conseguimos é ser reativos e impulsivos.[180]

A coragem inclui buscar feedback das suas ações e ouvir o que as pessoas têm a dizer sobre você. É função da liderança tornar os ambientes de trabalho seguros para todos, com humildade e abertura para ouvir e debater ideias. Nesse ambiente seguro, não haverá apenas uma liderança corajosa, mas também um time corajoso. Simon Sinek, inclusive, coloca na conta da liderança a coragem para proteger a equipe quando necessário, e arriscar quando for para o bem de todos e da empresa.[181]

Como líder, a capacidade de atrair e reter talentos é um dos desafios. Um estudo mostrou que 76% dos colaboradores de alta performance saem das empresas por falta de oportunidade de desenvolvimento, falta de liderança e por notarem inconsistências nas decisões.[182] Por isso, as empresas precisam ter líderes corajosos, pois eles são dispostos a desafiar as estruturas organizacionais para manter a coerência. A liderança vai tomar decisões difíceis, e precisa ter coragem para enfrentar os momentos em que os conflitos se farão presentes.

---

180 BRETAS, A.; CASARIN, T.; SANTILLE, A.; SCHLOCHAUER, C. *op. cit.*

181 TOZZI, E. "Coragem é o principal requisito para ser um bom líder", diz o autor britânico Simon Sinek. **Você S/A**, 17 dez. 2019. Disponível em: https://vocesa.abril.com.br/geral/coragem-e-o-principal-requisito-para-ser-um-bom-lider-diz-o-autor-britanico-simon-sinek/. Acesso em: 3 ago. 2022.

182 COURAGEOUS Leadership Institute. **The business case of courageous leadership**, 2019. Disponível em: https://drive.google.com/file/d/1P8RxXZBimIz2jcCcTGcSxss33G0l0UXo/view. Acesso em: 19 set. 2022.

Outra maneira de encarar a coragem vem das próprias organizações, quando elas resolvem assumir publicamente uma causa que vai além do nicho do negócio. Uma dessas empresas é a gigante rede de farmácias americana CVS. Em 2014, a organização decidiu parar de vender cigarros em suas quase 8 mil lojas – um produto que ainda é muito comum nas farmácias dos Estados Unidos. A CVS foi a primeira do setor a tomar tal atitude. A decisão significou uma perda de cerca de 2 bilhões de dólares em vendas anuais, porém, a rede julgou a ação necessária para reforçar a sua posição como provedora de serviços de saúde.[183] Na ocasião, Larry Merlo, então presidente do grupo, declarou que "encerrar a venda de cigarros e outros produtos que contêm tabaco nas farmácias CVS é o que deve ser feito pelos nossos clientes e pela nossa empresa, com a finalidade de ajudar as pessoas a melhorar sua saúde. A venda de tabaco não corresponde à nossa missão, que é melhorar a saúde dos americanos".[184]

Embora essas atitudes possam soar como estratégias de marketing, é importante analisar que empresas se arriscam quando tomam determinadas posições. Porém, o que elas se propõem é mais do que incentivar o marketing, mas sim fazer a diferença no mundo em que estão inseridas. No caso da CVS, o que se constatou é que mais gente parou de fumar nas cidades em que a rede de farmácias estava presente porque as pessoas ficaram tão tocadas pela atitude que mirou a causa, e não o lucro, que decidiram também abandonar o cigarro.[185]

Decisões como essa são tomadas por líderes corajosos.

Ter coragem é, acima de tudo, agir com o coração. Episódios de coragem são emocionalmente intensos, seja para quem está agindo

183 CVS vira 1ª rede de farmácias dos EUA a suspender cigarros. **Exame**, 5 fev. 2014. Disponível em: https://exame.com/negocios/cvs-vira-1a-rede-de-farmacias-dos-eua-a-suspender-cigarros/. Acesso em: 30 jul. 2022.

184 PRESSE, F. Rede de farmácias dos EUA vai suspender venda de cigarros. **G1**, 6 fev. 2014. Disponível em: https://g1.globo.com/bemestar/noticia/2014/02/rede-de-farmacias-dos-eua-vao-suspender-venda-de-cigarros.html. Acesso em: 30 jul. 2022.

185 SINEK, S. Courage to lead. **YouTube**, 7 nov. 2019 Disponível em: https://www.youtube.com/watch?v=gPcgEBbNQvw. Acesso em: 3 ago. 2022.

ou para quem está presenciando o ato.[186] E se a liderança do futuro é humana, não há ação mais humana do que se posicionar com coragem.

Perceba que todas as competências de que falamos neste livro se encontram em coragem. É como se ela fosse o papel que embala todas as outras, dando força para mantê-las juntas. O que eu espero é que, a partir de agora, você, como líder, tenha coragem para mudar o que for necessário e entender que seu ciclo de influência é maior do que você imaginava. **Você é uma liderança exponencial.**

186 BRETAS, A.; CASARIN, T.; SANTILLE, A.; SCHLOCHAUER, C. *op. cit.*

CORAGEM:
um convite para colocar esta competência em prática

VIVENDO CONFORME OS VALORES

Viver de acordo com nossos valores significa que fazemos mais do que apenas falar sobre eles, nós os praticamos. Quando temos clareza do que é importante para nós, podemos avaliar se nossas intenções, palavras, pensamentos, hábitos, mentalidade e comportamentos se alinham a essas crenças.

Olhe a lista de valores a seguir – você também pode escrever novos valores que não estão nela. A tarefa é escolher os dois que você considera mais importantes. Isso é muito difícil e você perceberá quando começar a selecionar quase todos. A partir dos primeiros quinze que escolher, elimine aqueles que não parecem tão importantes. Se precisar, coloque-os em pares e se pergunte: "Prefiro colaboração ou aventura?". A partir daí, continue a eliminação até chegar em dois valores.

Use a lista a seguir como uma referência para chegar aos dois valores mais importantes para você:

Humor
Participação
Emoção
Sensualidade
Liderança
Performance
Especulação
Predominar
Brincar
Ser ativo
Colaboração
Ousadia
Descobrir
Ser parte de comunidade
Sucesso
Comunidade
Busca
Perceber
Nutrir

Aventura
Poder pessoal
Gosto refinado
Realizar
Sensibilidade
Apreciação
Liberdade de escolha
Tocar
Sentir
Pressão
Ser direto
Sentir-se conectado
Treinar
Sentir-se bem
Aceitação
Ser conhecido
Camaradagem
Encorajar
Liderar

Devotar-se
Estética
Leveza
Alterar
Excitar
Ser apaixonado
Associar-se
Espiritualidade
Governar
Educar
Produtividade
Ter poder
Prover
Ser um mestre
Preparar
Servir
Completa autoexpressão
Desenhar
Ser superior

Vencer
Contribuição
Entusiasmo
Ser imaginativo
Ultrapassar
Conquistar
Excelência
Ter impacto
Planejar
Divertir-se
Triunfar
Espírito livre
Dar poder aos outros
Montar
Entreter-se
Sem pressão
Saúde
Iniciar
Inspirar
Relacionar-se
Tradição
Foco
Estimular
Detectar
Unir
O desconhecido
Romance
Compreender
Integrar-se
Encorajar
Reconhecimento
Facilitar
Observar
Empatia
Ser o melhor
Harmonia
Criar
Brilhar
Visão
Paixão
Experimentar
Sintetizar
Intuir
Relação com Deus
Desafios

Ser catalizador
Conceber
Causar
Honrar
Iluminar
Motivar
Aperfeiçoar
Reinar
Passar conhecimento
Ser um expert
Ensinar
Integridade
Modelar
Informar
Ser genuíno
Influenciar
Criatividade
Dominar sua área
Explicar
Confiança
Melhorar
Independência
Ser o maior
Conseguir
Religioso
Reforçar
Dar apoio
Dar prazer
Derrotar
Instruir
Ajudar os outros
Carinho
Experimentar alegria
Atrair
Superar-se
Inventar
Alegria
Apreciar esportes
Aprender
Inovação
Ser original
Beleza
Ser parte de família
Empreendedorismo
Construir

Autenticidade
Discernir
Realização
Riscos
Viver o presente
Emocionar-se
Ordem
Paz
Compaixão
Sentir-se energético
Honestidade
Elegância
Ter consciência
Guiar
Estar certo
Vitalidade
Ser sagrado
Persuadir
Crescimento
Perigo
Prevalecer
Ser o primeiro
Outros: (citar)

Agora, com seus dois valores escolhidos, descreva cada um deles, o que significam e como eles são tangibilizados em suas decisões, atitudes e comportamentos. Você está vivendo conforme seus valores? Quais decisões você tomaria de forma diferente, agora que tem clareza deles?

Trabalhar a coragem é <u>um caminho</u> para viver sua autenticidade, confiar em si mesmo e <u>desbloquear</u> as próprias defesas.

@TONIACASARIN

MENSAGEM FINAL

O COMEÇO DE UMA NOVA JORNADA

"SEU CARGO NÃO VALE NADA. O QUE VALE É COMO AS PESSOAS SE SENTIRAM QUANDO FORAM LIDERADAS POR VOCÊ."

TONIA CASARIN

Desde que escrevi meu primeiro livro, o *Tenho monstros na barriga*, em 2016, me dei conta do incrível impacto que nós podemos ter sobre outras pessoas. Até então, embora soubesse disso no campo racional, nunca tinha sentido em minha própria pele, nunca tinha percebido de maneira concreta esse poder que todos nós possuímos. Aquele livro infantil foi o início do efeito cascata da gota no oceano para mim.

O *Tenho monstros na barriga* nasceu de um projeto frustrado. Eu estava tentando desenvolver um jogo para a disciplina de Design de Jogos durante o mestrado em Liderança, na Universidade Columbia, nos Estados Unidos, e não consegui chegar a um resultado que promovesse aprendizado e ao mesmo tempo fosse divertido. Porém, eu não queria deixar a essência do projeto de lado. Uma das principais capacidades que diferencia grandes líderes é a inteligência emocional, e eu não entendia por que esperávamos ser adultos para começar a desenvolver essa competência. Portanto, queria construir uma ferramenta para que as crianças aprendessem a lidar com as emoções desde cedo, porque percebi que, além de tudo, como adultos, somos péssimos exemplos. E por que esperar a vida toda para aprender se podemos começar desde pequenos? O jogo não deu certo, mas eu percebi que mais importante do que o formato era a mensagem. E, em um mês, o livro que logo se transformou numa trilogia nasceu.

O que eu não esperava era o tamanho do impacto que esse projeto teria. Quando resolvi autopublicar o livro, por meio de crowdfunding,[187] só queria tirar a ideia do papel, dar de presente para familiares e doar exemplares para algumas instituições. O que aconteceu, no entanto, foi que não só as crianças amaram o livro, mas também famílias, professores, educadores e terapeutas. Recebia relatos de pais que falavam que seus filhos estavam lidando melhor com a raiva ou sabendo expressar seus sentimentos como nunca tinham visto. Recebi retorno positivo de pais de crianças autistas e de casais que estavam se divorciando agradecendo o livro. O mesmo retorno tive de profissionais de educação e de terapeutas que estavam usando o livro em sala de aula e em seus consultórios.

Desde o lançamento, *Tenho monstros na barriga* alcançou mais de 120 mil famílias no Brasil e foi traduzido para três idiomas. Este livro ainda abriu portas para que eu trabalhasse com refugiados e ajudasse milhões de crianças a nomear suas emoções em projetos na América Latina, nos Estados Unidos, na África do Sul, na Índia, na Europa, na Austrália e no Oriente Médio, com mais de 10 milhões de pessoas impactadas.

Mas eu não planejei nada disso. O círculo de influência que se formou foi acidental. E eu percebo que isso que aconteceu comigo acontece com a maioria das lideranças. Elas são acidentais. A liderança acidental é a maneira padrão de liderar. Ela é fácil, é reacionária e não exige que enfrentemos nossos preconceitos e que aprendamos a lidar com as tendências que podem causar um impacto nos outros e no mundo ao nosso redor.

O que quero propor é que, a partir de agora, com o conhecimento adquirido neste livro, você mude seu mindset e saia da liderança acidental para alcançar a liderança intencional. A liderança intencional exige que olhemos para dentro de nós mesmos para fazermos melhores escolhas na maneira de liderar. **A real liderança não é acidental, ela é intencional.**

Colocar intenção no que fazemos permite que nossas ações ganhem mais força para impactar o nosso círculo de influência, como a

187 Crowdfunding é um financiamento coletivo, em que várias pessoas interessadas colaboram para que o projeto seja realizado.

metáfora da gota do oceano, gerando ainda mais alcance para nossos projetos e sonhos.

Conforme fui me dando conta dessa verdade, mergulhei ainda mais profundamente na busca por modelos e caminhos que ajudassem a nos tornarmos seres humanos melhores, mais conscientes de nosso papel e protagonistas na transformação positiva da sociedade. Essa investigação me mostrou que era possível ter um impacto gigantesco na vida das pessoas à nossa volta e no mundo se aprendêssemos a buscar a liderança intencional, pois assim nosso impacto seria exponencial. Essa liderança reconhece sua responsabilidade em ser um vínculo positivo na tríade Eu-Nós-Mundo, é vulnerável e comprometida em ser um pouco melhor hoje do que foi ontem, todos os dias.

Você pode ter chegado ao final do livro, mas é apenas o começo da sua jornada. Eu espero que estas páginas tenham inspirado você a ser uma nova liderança. Todos nos preocupamos com o futuro, e é fácil esquecer que a resposta para nossas angústias é uma só: a transformação humana.

Eu acredito que, como líderes, precisamos cultivar a esperança, o sentimento de quem verdadeiramente acredita que é possível tornar realidade aquilo que desejamos. É este sentimento que me invade enquanto escrevo aqui e agora para você. Tenho muita esperança de que este livro seja o marco de início de um movimento muito maior do que eu, um movimento sobre pessoas realizando seus propósitos, cuidando umas das outras, enquanto utilizam todo seu poder intelectual e criativo para construir negócios melhores para um mundo melhor. Este movimento começa com as decisões que você tomará a partir de agora.

Eu sei que, muitas vezes, você poderá sentir que a liderança carrega um fardo pesado demais. Por isso, meu desejo é que esta obra o ajude na caminhada e que todos os dias sejam uma oportunidade para que você:

Aproveite os aprendizados que são liberados quando nos disponibilizamos a desenvolver nossa ***consciência.***

Nunca se esqueça de que, quando não souber para qual lado ir, pode acreditar na escolha que reflita o ***cuidado*** *por si mesmo, pelos outros e pelo mundo.*

Escolha dar um passo de ***confiança*** *com aqueles que estão ao seu lado desejosos de fazer o melhor acontecer.*

Tenha a ***compaixão*** *como aliada nos momentos mais difíceis.*

Reconheça que nada sai do papel ou atinge o máximo potencial sem que haja ***conexão*** *e* ***colaboração*** *no centro de tudo.*

Permita-se experimentar a ***curiosidade****, com um olhar de quem ainda quer descobrir o mundo, para que a* ***criatividade*** *possa ganhar espaço na sua vida e no seu trabalho.*

Lembre-se de que esforços valem a pena porque há uma ***causa****, um propósito maior como motivação.*

Valorize em si mesmo e nas outras pessoas a ***coragem*** *de agir mesmo quando todas as chances parecem estar contra vocês.*

A liderança exponencial é um convite para praticarmos o vínculo Eu-Nós-Mundo. Na minha própria jornada de desenvolvimento, percebi que, no final das contas, ser um líder melhor é ser uma pessoa melhor.

O futuro é humano e nós não o construiremos de maneira solitária. Por isso, eu não poderia deixar que nosso encontro terminasse aqui.

Eu decidi convocar todos as lideranças que se conectaram com esta mensagem a sermos uma comunidade, com espaço para networking, trocas de aprendizados e ferramentas para que possamos continuar esta trajetória juntos.

Acesse o QR Code ou o link indicados a seguir para participar:

TONIACASARIN.COM.BR/COMUNIDADE

Desejo muito sucesso a você!

TONIA CASARIN

Ao longo dos estudos e das pesquisas para o livro, decidimos abrir espaço para que as pessoas que acompanham o meu trabalho pudessem homenagear, de uma forma um tanto diferente, seus líderes. Este espaço é dedicado a elas. Aqui você vai encontrar o nome das pessoas que aceitaram esse convite e o nome das lideranças que as inspiraram a ser pessoas melhores, colocando suas habilidades e conhecimentos a serviço da construção de um mundo melhor.

"SE SUAS AÇÕES INSPIRAM OS OUTROS A SONHAREM MAIS, APRENDEREM MAIS, FAZEREM MAIS E SE TORNAREM MAIS, VOCÊ É UM LÍDER."

— JOHN QUINCY ADAMS

Adriana Magalhães • João Gilberto • Antonio Linhares • Alea Fiszpan • Alex Silva Lima • Antonio Augusto de Lima • Aline Bandeira • Luciana Lovato • Andre Felix • Rodrigo Moran • Andréa Fonseca Ferreira • Priscila Pereira de Souza • André Calixto • Guaracy Rodrigues Calixto • Beatriz Lima Deliberato • Anna Carolina Maccarone • Elisabeth Morais • Urbano Chagas • Suênia Monteiro Brandão Mendes • Quilla Moura • Braulio Borges • Fabio Galindo • Camila Gomes • Thiago de Melo Rezende • Carla Prete • Raquel Lam • Camila Fagundes de Lima Amaral • Maisa Cabete Pereira Salvetti • Marlene Araujo • Uiliam Fagundes • Cleidmar Carneiro • Elimar de Moraes Hoste • Camila Cristofan Galindo • Mariana Scaglioni • Cláudia Valéria Rogério Almeida • Grace Melo • Cristina Zuccari Machado • Luisa Sanchez Morais • Daniele Correa Torquato • Lívia Laurito • Débora Reis Pinto • Maria da Graça Pereira Reis • Denise Vieira • Haryane Vieira • Denise Taveira • Thiago De Oliveira Gonzaga • Dany Sakugawa • Renato Abe • Elis Soares • Everton Sommer • Elaine Silva • Alzemar Souza • Elaine Araujo • Vanessa Alves • Elba Padilha Florêncio • Maria do Rosário Padilha Florêncio • Ellen Kiss • Ricardo Guerra • Erminia • Rosani Fernandes • Felipe Tusco Dantas • Nelson Henrique Dantas • Lima • Elinardo Ferlim • Guilherme Correa Magalhaes •

Flora Kitasato • Heitor Ramos • César Mori • Helton Ourives • Hermes Moreira • Roberto Musto • Ivana de Iveira • Aldemir João • Jessica Almeida • Thaís Velloso • Juliana Queiroga • Augusto Galvão • Juliana Abreu • Laiza Francine Nascimento • Suzete Silva • Larissa Aurora • Geovana Rossi • Luiz Chalola • Helder Cordeiro • Leandro Araujo • Vanessa Vianna • Leonardo de Assis Santos • Eduardo Rodrigues • Eliane Carvalho • Ana Lucia Simonetti • Lucas Heck • Rodrigo Moran • Maria Fernanda Fransozo Setti • Mariana Cavalcanti • Marcia Regina Quintas Bertolini • Regina Eisig • Marco Aurelio Amaral • Valeria Chaves • Marcos Vinícius Elias • João Fernando • Alexandre Pereira • Mariana Dams Confessor • Ruymara Almeida • Mariicéu Leal da Silva • Marinácia Leal da Silva e Silva • Marinna Koury • Lianderson Ferreira • Marylia Boff • Andrea Rodrigues • Matheus Carvalho • Juliana Santos Rodrigues • Messias Fernandes • Amilton Alcides Marceimo • Marcos Antonio Lira Cavalcante • Marcos Lira • Michelle Pereira • Rosana Cabral • Patricia M. Amorim Hajdu • Roberta Alves Mendes • Patricia Paine • Kelly Gazel • Patrícia de Souza Eugênio • Thiago Auresco • Priscila Ludgero Artuzo Izidio • Thais Valente • Rosemar Dutra Barbosa • Rosana Catete • Rafael Chaves • Elson Bemfeito • Rebekka Waculicz • Ágatha Gomes • Regina Boreti • Ruymara Almeida • Renata Verissima Gomes • Fernando Lacintra • Renata Castro • Ronaldo Azevedo • Rafael Carvalho de Gusmao • Emmanuel Gomes Correia Lima • Ronaldo Ramos de Souza • Profª Lúcia Helena Galvão • Rudimar Birgman • Gadner Vieira • Silene Maria Batista Cabral • Ana Paula Camara da Costa Teles • Marco Antônio Nartes • Tetteh Otuteye • Nick Bentley • Túlio Bacelar • Natalia Brito • Vanessa Krueger Cordeiro • Alana Gazaniga • Viviane Rodrigues Cardoso • Maria das Graças Rodrigues • Victor M. Saback • Hector Echeto • Osmarino Correia de Araújo • Dionas Ramos • José Elton Morais Oliveira • Marcelo da Silva Costa • Nancy Correia • Rosani de Mattos Fernandes • Batista •

Esta obra foi composta em Inria Serif, Kenyan Coffee e Goodlife
e impressa pela gráfica Paym em papel lux cream 70g
para a Decola em outubro de 2022.